地方高校培优实验班的研究与经典案例

廖晓玲　等著

北　京
冶　金　工　业　出　版　社
2019

内 容 提 要

本书以地方高校培优实验班的人才培养模式研究及实战经典案例为出发点，旨在分享高校实验班的培养过程中的一系列行之有效的改革措施。本书包括两大部分，第一部分为培优实验班改革动因，包括第 1 章高校学风建设的紧迫性和重要性、第 2 章战略性新兴产业人才需求新标准；第二部分为培优实验班改革措施成功案例，包括第 3 章国际化、创新型工程技术人才培养举措、第 4 章班级文化建设以及第 5 章实验班过程管理。

本书可供从事高校教改管理、教改实施以及学生学风建设等的管理人员、教学人员、教辅人员及其他涉及教学改革的研究人员参考。

图书在版编目(CIP)数据

地方高校培优实验班的研究与经典案例 / 廖晓玲等著．—北京：冶金工业出版社，2019. 1

ISBN 978-7-5024-7940-4

Ⅰ. ①地…　Ⅱ. ①廖…　Ⅲ. ①地方高校—班级—学校管理—研究　Ⅳ. ①G647. 34

中国版本图书馆 CIP 数据核字(2018)第 237602 号

出 版 人　谭学余
地　　址　北京市东城区嵩祝院北巷 39 号　邮编　100009　电话　(010)64027926
网　　址　www. cnmip. com. cn　电子信箱　yjcbs@ cnmip. com. cn
责任编辑　张熙莹　美术编辑　彭子赫　版式设计　孙跃红
责任校对　卿文春　责任印制　牛晓波
ISBN 978-7-5024-7940-4
冶金工业出版社出版发行；各地新华书店经销；北京兰星球彩色印刷有限公司印刷
2019 年 1 月第 1 版，2019 年 1 月第 1 次印刷
787mm×1092mm　1/32；4 印张；60 千字；116 页
26. 00 元

冶金工业出版社　投稿电话　(010)64027932　投稿信箱　tougao@cnmip. com. cn
冶金工业出版社营销中心　电话　(010)64044283　传真　(010)64027893
冶金书店　地址　北京市东四西大街 46 号(100010)　电话　(010)65289081(兼传真)
冶金工业出版社天猫旗舰店　yjgycbs. tmall. com
(本书如有印装质量问题，本社营销中心负责退换)

前　言

“为什么中国高校培养不出顶尖人才？”大师钱学森的生前疑问备受社会关注。那么高校如何回答这一世纪之问？高校是培养拔尖创新人才的重要基地，“实验班”就是“改革试点”。“钱学森之问”催热了高校实验班的建设！

本书是作者根据多年的教学经验和体会，在参考国内外相关资料及关注近年来研究动态的基础上，结合培养新时期国际化、创新应用型复合人才的需要编写的，旨在分享高校实验班培养过程中的一系列行之有效的改革措施。本书可供从事高校教改管理、教改实施以及学生学风建设等的相关人员及其他涉及教学改革的研究人员参考。

本书由廖晓玲教授总体组织策划，并与重庆科技学院钱煦实验班导师团队和同学一起具体实施完成。本书在项目实施和编写出版过程中，得到了国家自然科学基金重点项目（编号：11532004）、重庆市科委自然科学基金项目（编号：CSTC2015JCYJBX0003、CSTC2018JCYJAX0286）、重庆科技学院学科带头人人才项目、材料科学与工程重庆市高校重点学科建设项目以及纳微生物医学检测重庆市工程实验室的大力支持，在此表示衷心的感谢！

由于作者水平所限，书中不足之处，敬请读者批评指正。

作　者

2018 年 10 月

目　录

第一部分　培优实验班改革动因

第二部分　培优实验班改革措施成功案例

第一部分

培优实验班改革动因

1 高校学风建设的紧迫性和重要性

1.1 高校学风建设的缺失

何谓学风，最早可追溯至《中庸·第二十章》中的记载：“博学之，审问之，慎思之，明辨之，笃行之”。广义上讲，学风就是学校师生在治学精神、治学态度和治学方法等方面形成的风气，也是学校师生在知、情、意、行上综合表现出的一种习惯或爱好。它体现了一所学校师生在治学求知上的态度进而形成一种传统和风格。这种传统和风格对学生成长至关重要，对学校的发展建设产生深远的影响。

学风是一个学校的灵魂所在，这个灵魂的建设需要所有的人共同努力。学风在《现代汉语词典》中的解释是：“学校的、学术界的或一般学习方面的风气。”毛泽东同志在《整顿党的作风》一文中首次提出“学风”概念：“所谓学风，不但是学校的学风，而且是全党的学风。学风问题是领导机关、全体干部、全体党员的思想方法问题。”可见，学风建设既是校园精神文明建设的一个重要组成部分，也是教育改革与发展的永恒主题。优良的学风是保证提高教育教学质量的重要条件，学风建设已成为高校能否培养真正德才兼备的人才的重要考验。

现今，由于高校连年扩招，大学高等教育从“精英化”向“大众化”转换。学生的素质存在差异，再加上社会上一些不良风气的冲击，学风建设承受了严峻的挑战。在大学校园里，一部分学生不思进取、嬉戏废学、作弊成风，严重破坏了高校应有的学风，这样的风气如果继续弥漫校园，后果将不堪设想。究其原因，我们一些高校教育忽视了甚至缺失了大学精神的育人功能。

大学精神在强化学生对学校归属感和认同感、端正求学动机、改善治学态度、规范学习品行等学风建设方面发挥积极、重要的作用。近百年来，中国经历着历史上最大的社会变革，大学精神就在这大背景中形成并发展演变。那么，大学精神究竟是什么呢？先辈阐述醍醐灌顶：

北京大学老校长蔡元培提出：“大学者，研究高深学问者也”，应“学术自由、兼容并包”。

清华大学老校长梅贻琦：“大学者，非有大楼之谓，有大师之谓也。”

学术大师陈寅恪：做学问应有“独立之精神，自由之思想”。

由此看来，大学精神的核心是以育人为第一要旨，以全面人才教育为大学使命。不但教育学生如何认知，如何做事，更重要的是如何做人；引导学生敢于奋斗，善于成才；使我们的大学生成为理想远大、热爱祖国的人，成为追求真理、勇于创新的人，成为德才兼备、全面发展的人，成为视野开阔、胸怀宽广的人，成为知行统一、脚踏实地的人。

那么，我们如何振兴大学精神，端正高校学风？实验班的设立可能能够成为高校学风建设的示范。

1.2 高校实验班对学风建设的引领作用

从 1978 年中国科技大学成立少年班到 1985 年教育部选取 12 所高校作为实验班试点，再从 2005 年“钱学森之问”到 2009 年教育部的“珠峰计划”以及 2010 年的“卓越计划”，我国高校实验班如雨后春笋般涌现，实验班已经成为高校人才培养改革的前沿阵地。

2009 年，为探索创新人才培养之路，教育部联合中组部、财政部启动了基础学科拔尖学生培养实验计划（简称“珠峰计划”），并选取清华大学、北京大学等国内 20 所高校的数学、物理、化学、生物、计算机学科进行试点。2010 年 6 月，教育部联合工信部、人社部、财政部在天津召开“卓越工程师教育培养计划”（简称“卓越计划”）启动会，旨在培养造就一大批创新能力强、适应经济社会发展需要的各类型高质量工程技术人才，各高校纷纷响应号召，开设了针对该计划的卓越班。上述这些举措一方面反映了国家对精英人才的迫切需求，另一方面也是国家下放办学自主权、鼓励学校进行人才培养改革探索的重要体现。

在国家教育部相关政策的引导下，高校由于办学条件、办学特色与办学方向的不同，成立的实验班也不太一样，各具特色，大体可以分为以下几类：

（1）基础英才班。又称为基础拔尖班或强化班，主要从普通班中选拔优秀学生进行数学、物理、化学等基础学科强化训练，为后续深造和科学研究打下坚实基础。这一类实验班主要针对教育部的“珠峰计划”。如清华大学的“清华学堂”、北京大学的“元培班”等。

（2）卓越计划班。卓越计划班主要依托“卓越计划”，目标是培养高素质的工程技术人才。培养特色是加强学生的实践教学，培养学生的实践动手能力。例如上海大学的“卓越工程师班”、中南大学的“卓越医师班”、武汉理工大学的“卓越班”等。

（3）国际联合培养班。通常选取学习成绩优秀、沟通能力强、外语成绩比较突出的学生进行国内外联合培养，这些学校与国外知名大学签订了相关培养协议。国际联合培养班通常采用外语或者双语授课，使用外文教材，聘请国外相关领域专家进行授课或讲座。如清华大学国际班、上海交通大学国际班、上海同济大学国际班等。

（4）跨学科综合班。以培养学生学科交叉融合能力为目标，依托双学位等具体形式，选取相关学科进行跨学科人才培养。如中国人民大学的“经济-数学班”和“金融学-数学班”。

（5）校企共建班。校企共建班通常是以地方支柱产业和战略型新兴产业的龙头企业为依托，以培养学生的行业综合实践能力为目标，学校与企业共同实施产学研联合培养。企业参与教学模式改革、培养方案制定、课程开发与授课，学生进入企业实习，如五邑大学的“真明丽综合试验班”和“德力电光实验班”等。

“为什么中国高校培养不出顶尖人才?”大师钱学森的生前疑问备受社会关注，那么高校如何回答这一世纪之问?“钱学森之问”催热了高校实验班的建设！近年来，高校新推的实验班培养模式出现不少创新的做法，旨在培养创新拔尖人才、创新人才培养模式。有学校在实验班中实施“中外联合培养”“双语教学”以及“外教教学”等教学改革措施。实验班可以不通过高考高分录取，而是从大一新生中进行二次选拔。实验班作为独立学院设置的特色班级，旨在培养具备“国际化、综合化、个性化”特色的创新型人才。

在当前高等教育大众化的背景之下，地方高校如何培养国际化、拔尖创新人才，实施差异化、定制化培养值得深入研究。近年来，各高校都在进行改革和创新探索，综合众多创新之举，而在地方高校组建拔尖创新人才“实验班”，实施精致培养，促使一部分大学生在知识、素质、能力等方面拔尖，不失为一项值得推广而又有效的模式。

《国家中长期人才发展规划纲要（2010～2020年）》指出："人才是指具有一定的专业知识或专门技能，进行创造性劳动并对社会作出贡献的人，是人力资源中能力和素质较高的劳动者。"基于这一人才概念，我们认为，拔尖创新人才是人才中的佼佼者和精英分子，应当有更高的素质和能力水平、更严格的专业和学术训练。周其凤院士曾指出，拔尖创新人才是指具有高尚品德、专业知识、创新能力、具有明确的目标选择、长期的优势积累和突出的创新业绩，被社会承认的学术、技术、企业和管理等方面具有国际竞争力的创新精英人才。

毫无疑问，地方高校长于培养大众工程技术人才，但也具备培养高等工科拔尖创新人才的条件和基础。在地方高校选拔素质高、培养潜力大的学生组建拔尖创新人才"实验班"，创建校内教育"特区"，在培养目标、课程理念、教学方法、实践能力、学术视野、师资配备等方面"开小灶"，进行分层次、定制化精英培养，激发潜能，促其在专业领域拔尖，这对国家、高校、学生都是两全其美的大好事。

《国家中长期教育改革和发展规划纲要（2010～2020年）》指出："目前我国创新型、实用型、复合型人才紧缺，要着力提高学生的创新能力，要进行拔尖创新人才培养改革试点，要造就'一大批拔尖创新人才'。"高校是培养拔尖创新人才的重要基地，"实验班"就是"改革试点"。这就意味着，高校应该根据人才自身的特点以及未来发展的需要，因材施教，既分层次教育，也分方向发展；也就意味着人才中的精英还可进行二次选拔和重点培养。

近年来，部分高校在培养拔尖创新人才方面也有类似的尝试，并取得成功经验。如清华大学的"清华学堂计划"、北京大学的"元培计划"、北京师范大学的"励耘优秀人才培养计划"、郑州大学的"1+1+1计划"等都是在大学生中进行二次选拔，挑选出有培养潜质的大学生组成新的建制，对这部分跑得快、跑得好的优秀学生单独制定培养计划，加担子、加压力，促其拔尖、成才，从而取得成功。这些大学成功的案例，可以作为地方高校拔尖创新人才培养的良好借鉴。

2 战略性新兴产业人才需求新标准

2.1 新产业、新业态、新技术带来的新要求

战略性新兴产业是以重大技术突破和重大发展需求为基础，对经济社会全局和长远发展具有重大引领带动作用，知识技术密集、物质资源消耗少、成长潜力大、综合效益好的产业。我国发展战略性新兴产业，具备一定的比较优势和广阔的发展空间，完全可以有所作为。

2010 年 9 月 8 日，国务院常务会议审议并原则通过了《国务院关于加快培育和发展战略性新兴产业的决定》。会议指出，加快培育和发展以重大技术突破、重大发展需求为基础的战略性新兴产业，对于推进产业结构升级和经济发展方式转变、提升我国自主发展能力和国际竞争力、促进经济社会可持续发展，具有重要意义。必须坚持发挥市场基础性作用与政府

引导推动相结合，科技创新与实现产业化相结合，深化体制改革，以企业为主体，推进产学研结合，把战略性新兴产业培育成为国民经济的先导产业和支柱产业。

此次会议确定了战略性新兴产业发展的重点方向和主要任务：

（1）从我国国情和科技、产业基础出发，现阶段选择节能环保、新一代信息技术、生物、高端装备制造、新能源、新材料和新能源汽车七个产业，在重点领域集中力量，加快推进。

（2）强化科技创新，提升产业核心竞争力。加强产业关键核心技术和前沿技术研究，强化企业技术创新能力建设，加强高技能人才队伍建设和知识产权的创造、运用、保护、管理，实施重大产业创新发展工程，建设产业创新支撑体系，推进重大科技成果产业化和产业集聚发展。

会议还强调坚持科技创新与实现产业化相结合。要切实完善体制机制，大幅度提升自主创新能力，着力推进原始创新，大力增强集成创新和联合攻关，积极参与国际分工合作，加强引进消化吸收再创新，充分利用全球创新资源，突破一批关键核心技术，掌握相关知识产权。同时，要造就并充分发挥高素质人才队伍的作用，加速创新成果转化，促进产业化进程。力争到2020年，战略性新兴产业增加值占国内生产总值的比重达到15%左右，吸纳、带动就业能力显著提高。节能环保、新一代信息技术、生物、高端装备制造产业成为国民经济的支柱产业，创新能力大幅提升，掌握一批关键核心技术，在局部领域达到世界领先水平，形成一批具有国际影响力的大企业和一批创新活力旺盛的中小企业；建成一批产业链完善、创新能力强、特色鲜明的战略性新兴产业集聚区。

由此可见，增强自主创新能力是我国培育和发展战略性新兴产业的中心环节，必须完善以企业为主体、市场为导向、产学研相结合的技术创新体系，突破关键核心技术，提升产业核心竞争力。那么，如何提升产业自主创新能力就成为当前亟待解决的关键问题。国家就这方面问题的解决提出如下策略：

（1）加强产业关键核心技术和前沿技术研究。围绕经济社会发展重大需求，结合国家科技计划、知识创新工程和自然科学基金项目等的实施，集中力量突破一批支撑战略性新兴产业发展的关键共性技术。在生物、信息、空天、海洋、地球深部等基础性、前沿性技术领域超前部署，加强交叉领域的技术和产品研发，提高基础技术研究水平。

（2）强化企业技术创新能力建设。加大企业研究开发的投入力度，对面向应用、具有明确市场前景的政府科技计划项目，建立由骨干企业牵头组织、科研机构和高校共同参与实施的有效机制。依托骨干企业，围绕关键核心技术的研发和系统集成，支持建设若干具有世界先进水平的工程化平台，结合技术创新工程的实施，发展一批由企业主导，科研机构、高校积极参与的产业技术创新联盟。加强财税政策引导，激励企业增加研发投入。加强产业集聚区公共技术服务平台建设，促进中小企业创新发展。

（3）加快落实人才强国战略和知识产权战略。建立科研机构、高校创新人才向企业流动的机制，加大高技能人才队伍建设力度。加快完善期权、技术入股、股权、分红权等多种形式的激励机制，鼓励科研机构和高校科技人员积极从事职务发明创造。加大工作力度，吸引全球优秀人才来华创新创业。发挥研究型大学的支撑和引领作用，加强战略性新兴产业相关专业学科建设，增加急需的专业学位类别。改革人才培养模式，制定鼓励企业参与人才培养的政策，建立企校联合培养人才的新机制，促进创新型、应用型、复合型和技能型人才的培养。支持知识产权的创造和运用，强化知识产权的保护和管理，鼓励企业建立专利联盟。完善高校和科研机构知识产权转移转化的利益保障和实现机制，建立高效的知识产权评估交易机制。加大对具有重大社会效益创新成果的奖励力度。

（4）大力推进国际科技合作与交流。发挥各种合作机制的作用，多层次、多渠道、多方式推进国际科技合作与交流。鼓励境外企业和科研机构在我国设立研发机构，支持符合条件的外商投资企业与内资企业、研究机构合作申请国家科研项目。支持我国企业和研发机构积极开展全球研发服务外包，在境外开展联合研发和设立研发机构，在国外申请专利。鼓励我国企业和研发机构参与国际标准的制定，鼓励外商投资企业参与我国技术示范应用项目，共同形成国际标准。要通过深化国际合作，尽快掌握关键核心技术，提升我国自主发展能力与核心竞争力。

总而言之，当前新兴产业的高速发展需要比拼的是科技创新实力，而科技创新实力的提升离不开国际化、创新人才的培养！

2.2　高校人才培养的与时俱进

科技创新是增强战略性新兴产业发展的内生动力。技术创新会对产业发展格局产生重大影响，同时产业发展又能激发技术进步，必须将提升科技创新能力作为战略性新兴产业发展的重中之重来抓。国家鼓励大众创业、万众创新。加快实施“引进来、走出去”战略，紧盯国际一流技术和标准，整合利用国际资源，增强产业国际竞争力。近年来，随着新兴产业的迅速崛起，高等院校为更好地适应新兴产业的发展，迫切需要改变人才培养模式。

目前，科学技术高速发展和知识经济占主导地位，知识和科技创新成为经济和社会发展的主导力量，而推动科技、经济和社会发展的核心力量为具备创新能力的拔尖科学技术人才。

地方本科院校是我国高等教育极为重要的构成，也是支撑和保障我国各区域经济社会事业发展的最基本的人才来源。进一步办好地方本科院校意义重大。随着供给侧结构性改革的深入，对于地方本科院校来说，如何转型发展，已然成为必须作答的大课题。高校的发展应该符合产业结构的调整，符合供给侧结构性改革的需要，企业的技术岗位必然需要“本科人”来进一步推动发展。因此，不仅是地方本科院校，更多的高等院校都该有向应用型转变的意识，这是高等教育大众化中后期的必然诉求，是高等教育向普及化转型的必然趋势。

首先，必须坚持正确的思想导向，形成正确的舆论方向。应用型本科的定位，应该向更高质量、更高水平、更高效率转变，解决人才培养与经济需求的不匹配问题。其次，加快制度建设。这不是对已有制度的修修补补，而是深层次的综合教学改革。坚持“创新驱动”原则，“破”与“立”并举，允许高校积极主动探索。

下面以重庆某地方高校及其培优实验班为案例来介绍当前地方高校如何与时俱进，转变国际化创新人才培养模式。

2.2.1　案例1：某地方高校教育教学改革

为响应我国整体工程化教育体制改革、对接战略新兴产业结构调整、培养新时期国际化创新创业人才，重庆某地方高校确立了“行业性、地方性、应用型、开放性”的办学定位，提出了建设应用型特色科技大学内涵“四高一好”，即：办学高层次、学生高素质、科研高质量、师资高水平、社会好评价。学校瞄准战略性新兴产业市场对高级工程人才的高标准需求，即要求具备国际化、创新思维和实践能力的复合型人才，顶层设计、规划、实施了一系列人才培养教育教学改革方案：

（1）推进六转变，强化应用型人才培养。学校围绕应用型人才培养的总目标，深化校企合作，积极引入企业资源参与学校人才培养全过程，积极推进六个转变，提升学校应用型人才培养的能力和效果：

1）转变人才培养方案编制方式。从以学校为主编制人才培养方案向与行业企业专家共同参与人才培养方案调研、论证、修订全过程的转变，更加注重学生素质和能力的培养。

2）转变专业建设模式。从学校为主建设专业向校企共建专业的转变，使专业建设更好服务产业的需要，学校一半以上的专业有企业参与建设。

3）转变人才培养机制。从学校为主培养创新创业人才向校企协同育人的转变，吸引企业参与创新创业人才培养，如中兴通讯物联网班、中都物流经理班等。

4）转变教学组织形式。从学校教师单一授课向校企共同组建教学团队的转变，着力解决教学内容与实际脱节的问题，近年来聘请了重庆气矿、重钢、中冶赛迪等行业企业近百名工程技术专家参与专业主干课程的教学。

5）转变教师科研成果考核。从强调教师单纯科研成果考核向科研成果与科研转化为教学成果相结合考核的转变，鼓励教师将科研创新、科技成果转化为教学内容，让学生从“学而知之”到“感而知之”。

6）转变课程育人载体。从强调课堂教学的育人载体向课赛结合、学做结合的育人载体的转变，营造学生积极参与创新创业良好氛围。

（2）深化产教融合，着力提升应用研发实力。学校围绕应用型高校建设目标，主动融入重庆和行业发展，把提升学校应用研发能力作为学校向应用型转型发展的重要突破口，坚定走产教融合、协同创新之路，促进学校科研水平迈上新的台阶。学校以需求为导向、以服务为宗旨、甘当配角，深入开展协同创新研究，形成企业出任务、政府给引导、学校做研究、企业用成果的“中心+成果研究及转化”共建模式，精心打造产学研用的有机共同体。近年来，与企业共计投入近 2 亿元，在校内建成各类科技研发中心 10 余个。同时，通过采取“技术+产品”（如航空航天功能磁性材料及器件）、“技术+装备”（如垃圾焚烧发电成套技术及装备）、“技术+系统”（如 981 深海表浅钻井泥浆自动调节系统及装置）以及“技术+管理”（如安全生产服务、页岩气生产）的合作模式，深入开展应用技术研发，回应企业技术需求。

（3）加强双师型队伍建设，全力夯实师资保障。坚持人才强校战略，以打造“双师双能型”教师队伍为目标，提出了教师“工程化、博士化、国际化”工程，实施“三种经历”（企业实践锻炼经历、学生工作经历和海外研修经历）计划，建立教师教学发展中心和实验教学研究院，完善和巩固新进教师工程实践制度，推行校企双方教师和技术人才库共建共享，主动向企业输送科技特派员，赴研究所和企业选聘具有现场工作经历的专兼职教师等，努力构建定位明确、层次清晰的应用型师资队伍培育体系。

（4）借力外部优秀资源，增强国际化人才培养。学校切实加强与国内外企业和高校的联系与沟通，以产学研合作为载体，以学术交流与合作办学为桥梁，全面推进应用型人才培养质量和办学层次的提升。先后与三大油、武钢、西南铝、美国国际钻井承包商协会（IADC）等百余家国内外知名企业签订了产学研合作协议，就国际化、创新应用型人才培养开展全方位合作。与美国哥伦比亚大学、韩国国立昌原大学、荷兰撒克逊应用科技大学、德国艾姆登-里尔应用科学大学等30余所国外知名高校和欧洲应用型高校围绕人才培养、学生交换、教师交流、科研合作等方面开展合作，通过“送引结合、互培互换”的方式，加强应用型人才培养和应用型师资建设等方面的国际交流，增强学校转型发展的动力。近三年来，学校投入2500多万元，共派150余名教师到国（境）外大学研究和学习深造。学校先后与美国加州大学圣地亚哥分校钱煦院士合作建立钱煦医学材料实验班，着力培养具有国际视野的医学材料人才。与伦敦会计学院合作设立ACA会计班，搭建起对接英国利物浦大学、英国BPP大学、伦敦大学博贝克学院等国外高校的硕士留学平台。

2.2.2 案例2：某地方高校培优实验班

从1999年高校扩招到2005年，用了不到6年的时间，高等教育进入了大众化教育阶段。由于经济发展和科技的进步，社会对各类创新型、领导型、复合型、个性化、国际化等精英人才的需求越来越迫切。高校既要满足广大人民群众接受高等教育的要求又要肩负为社会输送各行业精英人才的责任。依托实验班这样的小班级进行社会急需人才的培养改革试点，一方面可以降低改革风险，另一方面也便于集中学校优势进行深入改革，选拔并培养出社会真正需要的精英人才。

重庆某地方高校为贯彻国家和重庆市中长期教育改革与发展规划纲要精神，落实《教育部关于全面提高高等教育质量的若干意见》（教高〔2012〕4号）要求，改革人才培养模式，促进教学国际合作，提升人才培养质量，在调研基础上，决定举办“功能材料教学改革实验班”（生物医学国际化教改实验班，Biomedical International Teaching Reform Experimental Classes，简称 BIC 班）。具体办学规划如下：

（1）教改目标。为重庆打造内陆开放高地，提供国际化功能材料人才储备，进一步增强学校服务“两业两域”的能力，引入国际优质教学资源，培养功能材料拔尖人才，满足学生多层次的学习需求，不断提高国际合作和交流的水平。

（2）教改举措：

1）改革招生来源。学校各专业均为本科第二批次，除艺术类、文史类、对口高职类、定向生外，本次 BIC 班全校各专业学生均可报名。

2）改革教学模式。采用“学历+国际课程体系”相结合的培养模式。全面推行导师制和教师指导下的小组学习方式，充分利用国际教学资源和信息化教学手段，加大实践教学力度，着力培养学生综合分析和解决实际问题的能力；同时通过大量的双语教学和全英文教学课程，提高学生的专业英语能力，为达到国际化学业水平打下坚实的基础。

3）改革课程体系。充分利用学分制的优势，BIC 班课程体系除国家规定的两课、体育等课程外，结合功能材料专业必修的基础课程和专业课程，引进国外优质教学资源，优化了 16 门基础课程和专业课程，增加了 10 门基础课程和专业课程。BIC 班的基础课程采用双语或全英文教学，专业课程采用全英文教学，让学生掌握学科国际惯例。

4）改革教师来源。BIC 班的教师来自于美国加州大学圣地亚哥等分校，国内陆军军医大学、重庆大学等高校和本校内有海外留学经历的教师，以满足全英文教学和双语教学要求，同时也积极为该班学生提供到国内外攻读研究生和国内外国际化企业实习的机会，为学生未来的深造和就业创造有利条件。

（3）教改进展：

1）签订协议。学校与美国加州大学圣地亚哥分校、旧金山分校签订了合作教育协议。

2）制订方案。按照教改目标以及我校和美国加州大学圣地亚哥分校、旧金山分校人才培养的共同要求，在深入调研国内高校国际班和国际化企业对人才能力要求的基础上，制订了 BIC 班人才培养方案、班级管理办法、费用管理办法等。

3）组建班级。按照自愿报名、择优录取的原则，在全校范围内选拔 40 名学生，组建 BIC 班。学生来自冶金工程、金属材料工程、无机非金属材料工程、材料成型及控制工程、功能材料、计算机科学与技术、机械设计制造及其自动化等 17 个专业。

4）入学教育。学生在完成军训后，开始正常的学习，第一周教学内容主要为功能材料专业教育，BIC 课程解读，校内功能材料实验实习基地认知实习，校外高校功能材料实验室、功能材料研究院所、功能材料国际化企业认知实习等。

5）加强管理。由 BIC 班承办学院的党总支副书记担任该班班主任，还选聘了 10 名优秀教师，担任 BIC 班的导师，导师和学生之间实行双向选择，现已全部落实到位。

（4）教改管理。BIC 班纳入全校统一管理。在执行学校本科学籍管理办法和学生管理相关制度的基础上，特别制定了该班的管理办法。明确了该班的学籍动态管理，对学业达不到要求的学生，在尊重学生选择、维护学生权益的基础上，在第一学年末可退回原专业，第二学年末可申请到学院的相关专业，或执行学校有关文件。除按照我校普通本科生交纳学费外，该班学生每学年还应缴纳 BIC 班课程培训费（已向市教委和物价局相关部门备案），并制定了费用管理办法。

BIC 班课程培训费，由学校统一管理，开设专门账户，实行专款专用，主要用于该班外聘师资的交通住宿、课时酬金、学生科技创新、奖助学金、教师能力提升等开支。

（5）后续工作：

1）严格学籍管理。进入 BIC 班的非功能材料专业学生，将最迟在第一学期结束后，完善转专业手续，进行学籍异动。

2）做好师资储备。学校将充分利用 BIC 班改革实践的机会，选派优秀青年教师参加课程进修，为进一步开展改革推广做准备。

第二部分

培优实验班改革措施成功案例

3　国际化、创新型工程技术人才培养举措

3.1　模式与目标选择

实验班人才培养模式的理论基础来源于学校校内的分流。高校校际分流是指研究型、应用型及职业院校的分流；校内分流则是指实验班的设立。詹妮·奥克斯就高校分流与精英教育总结了学生分流的四个理论假定：

（1）能力相似的学生被分配在同一个班将取得更好的学习效果，这种分流将避免混合班中可能出现的能力突出的学生被拖后腿，以及学习能力有缺陷的学生失去矫正机会的情况出现。

（2）将能力较差与较强的学生隔离在不同班，将有利于落后的学生发展对于学校和学习的正面态度。

(3) 分流过程本身精确和公平地反映了学生过去的学业成就和自然能力。

(4) 能力和禀赋相近的学生更易于教师进行教学和管理。

在以培养英才为主的高等教育时期，分流制度是高校必然的选择，是高等教育追求效率的必然体现。

高等教育公平并不是教育资源的公平分配或是机会的均等，而在于是否为每个青年提供了一个合适的教育，使其完善自身，实现价值。实验班正是这样一个探究培养创新型、复合型人才方式的试点工程，因此有更高挑战，就需要更多的资源。若与其他大众进行不公平的比较，则会出现“马太效应”。我们要做的既不是“一枝独秀”，也不是“整齐划一”，而应当“百花齐放”。因此实验班在实施中应当注意其目的不是为了挑选学生和建立特权，而是一种增加机会的方式，一个探索优化人才培养模式的试点。

优质生源的选拔和评价在实验班人才培养中起着重要作用，也是决定实验班人才培养效果的重要因素之一。目前，高校实验班的选拔形式主要有两种。一是传统的高考录取模式，即将实验班作为专业的一种和其他专业一起招生，供考生在高考志愿中选择；另一种是入学后再选拔的形式，学生是在入学后经过层层筛选出的精英。但无论是哪种选拔机制，归根到底都是择优录取。与选拔机制相对应的是其淘汰分流机制。大部分实验班都并非终身制，而是一个动态的开放系统，学生若适应性较差就会被退出，进入普通班学习，从而保证了人才培养质量。这种严格且开放的选拔淘汰机制，不仅有利于因材施教，也能最大限度地激发学生的学习动力。

人才培养是高校最重要的功能，不仅要复合产业发展需要，还要兼顾面临的时代要求。《国家中长期教育改革和发展规划纲要（2010~2020）》提出了到2020年要把我国建设成为创新型国家的奋斗目标。大学作为拔尖人才培养的摇篮，肩负着国家国际化、创新人才培养的历史使命。在大众化高等教育的背景下，为对接战略性新兴产业社会变革对高等教育和人才培养提出的新要求，近年来许多高校基于不同培养方向相继创办了符合自身办学特色的实验班，通过举办实验班培养模式选拔和培养拔尖国际化、创新型人才是高校探索与实践的教育教学改革的目标所在。

因此，下面以重庆某地方院校实验班为例，给出了地方高校探索拔尖国际化、创新人才培养的具体案例。

3.2　立体化人才培养方案

3.2.1　立体化人才培养方案的制定

人才培养方案是在人才培养模式指导下的具体实施方案，是对人才培养目标、培养规格、培养过程和培养方式的总体设计，是学校安排教学任务、组织教学过程、实施质量管理的重要依据。

实验班人才培养目标为：通过制定国际化创新创业人才培养方案，搭建国际化教学、科研、实训平台，扩展国际化交流渠道，配置国际化教学资源，以教学、科研、实践三位一体的办学模式，培养具有“厚基础、宽口径、强能力、高素质、国际化”特点、创新思维和实践能力的复合型国际化高级工程人才。

成立以高校和企业组成的专家学者专业建设指导委员会，就人才培养目标、规格定位、知识、能力、素质结构、人才培养方案、教学计划、课程体系等进行充分论证，明确人才培养规格的基本定位和对学生知识、能力、综合素质的要求，形成了较为科学、合理的人才培养方案和课程体系，并每年进行调整。

3.2.2 案例：“1232+X”国际化创新创业人才培养体系

下文以重庆某地方院校实验班推行“1232+X”国际化创新创业人才培养体系为例，说明地方院校实验班实施国际化、创新创业人才的多位一体培养方案的具体做法。

“一选拔”：实验班面向全校理工科专业本科新生招生，通过招生宣传、自主报名、三种能力（英语、专业认识、综合素质）测试选拔、淘汰的形式组班。

“双接轨”：培养方案的制定一是参照国内外知名高校相关专业培养方案，与国际接轨；二是结合国内外产业发展与国家战略性新兴产业实际，与产业接轨。并且，联合国内外高校相关专业知名专家学者以及国内外企业专家组成实验班人才培养方案审定、修订委员会，对培养方案进行持续性修订、完善与改革。

“三能力”：构建国际化能力、创新能力、实践能力三维立体化人才培养体系，有效提升学生的国际化、创新、实践三大能力。其中，国际化能力培养体系注重三要素构建，即国际化的人才培养方案、授课方式（国际化教学模拟教学）以及国际化师资配置；创新能力培养体系实行项目制，即开设如“高级学术研讨课”“综合实验设计”“技能训练”“赛课计划”等实行项目讨论式、项目考核式教学改革，同时依托国家级、市级、BIC 班“科技创新项目”，实行导师制，做到点对点帮助、一对一指导；实践能力培养体系实行走出去、请进来具体实施，通过假期到知名企业实习、企业名师指导、学生创业辅导、行业资格考证等途径有效提高实践能力。

“两阶段”：即能力本位教育，是在课程前置的基础上，把本科阶段的课程分为“两个阶段”。在前一年半到两年半完成“通识教育和专业基础教育”，主要对学生进行综合素养和专业素质的培训和提升；从大三开始，对学生进行“个性化教育”，将学生分三类培养：一是面向所有实验班学生的综合能力人才培养；二是拔尖国际化、创新创业人才培养；三是对一些有天赋、有潜质，在某一专业领域具有特殊兴趣、特殊专长的“双特生”人才培养。学生可以在导师的指导下，根据自己的兴趣爱好和个人发展规划选择不同的课程体系进行学习，选择适合自己的发展项目，真正享受个性化教育。

“X”：为落实本科“1232”国际化创新创业人才培养体系而推行的若干项支撑计划，包括：

（1）人才选拔模式创新及生源拓展计划。

（2）整体综合能力培养、拔尖人才培养、“双特生”人才培养计划。

（3）设立过程奖学金、目标奖学金、赛课计划奖励等激励制度。

（4）探究式、小班化课堂教学、实验实践教学的改革规范。

（5）促进国际化教育拓展计划实施，建立健全学生海外留学和游学体系，让更多的学生在校期间就能实现其求学经历的国际化。

（6）实施学术前沿及创新创业系列讲座、短期课程/国际课程、创新创业和科研训练项目、国际化学术交流与创新创业月等活动。

该重庆某地方高校举办的功能材料培优实验班的立体化培养模式如图 3-1 所示，多维立体培养的学期安排见表 3-1。

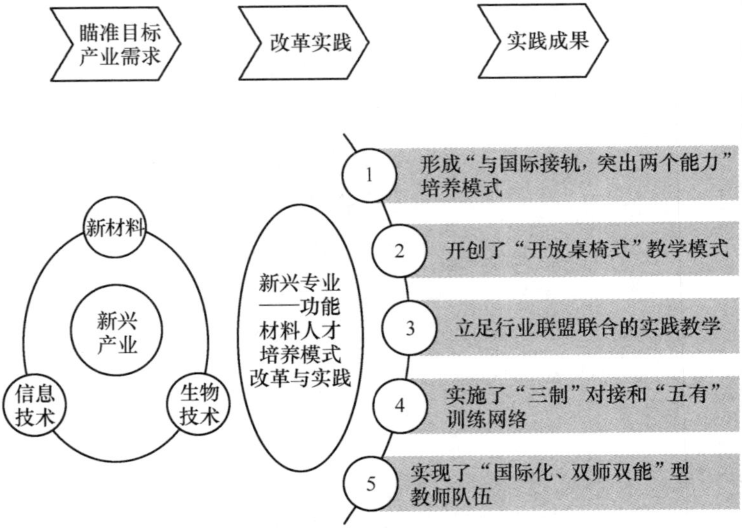

图 3-1　培优实验班的立体化培养模式

表 3-1　多维立体培养举措

学期	培养目标	具体举措
1~8 学期	国际化能力培养阶段	贯穿大学整四年，主要从以下几方面进行提升： 1. 双语/全英文教学的授课模式； 2. 外教教师授英语口语课； 3. 学生特色英文活动； 4. 课内外英文作业及考核

续表 3-1

学期	培养目标	具体举措
2~6 学期	创新能力培养阶段	1. 实行项目制，实行进项目、进平台、进团队“三进”制度； 2. 导师指导学生申报各类（国家级、市级、校级、院级）创新创业项目；形成科研成果，参加各类相关创新创业竞赛； 3. 聘请知名高校教授、企业专家来校讲学、交流，提升学生专业视野和创新思维
5~8 学期	创业实践能力提升阶段	1. 实行双导师制度，聘请企业专家共同开设开放实验、综合实验、专业技能训练、毕业设计等，提高学生实践能力； 2. 实行项目制，根据双导师命题项目、自主创新创业项目指导学生在实践教学科研平台进行实验设计与研究，采取团队式开展研究，提升创新能力； 3. 带领学生参与到企业运行生产中，进一步提升学生创新创业能力

3.3 国际化教育资源建设及平台搭建

为加快推进培优实验班的国际化教育资源、搭建资源合作平台，围绕国家“一带一路”发展战略，根据培优班国际化创新教育的战略目标和要求，大力引进国内外优质教育资源，全面提升国际化培养能力，增强学生综合力和国际竞争力，不断扩大教育交流与合作，强势推进实验班教育国际化。

实验班国际化资源建设及平台搭建主要来源于以下几个方面：

（1）政策引导国际化资源走进来。就重庆而言，为贯彻落实《国家中长期教育改革和发展规划纲要（2010~2020年）》精神，鼓励和支持市属公办高校有计划地引进一批高水平外籍专家和资深华裔学者来渝从事教学、科研和管理工作，增强高校协同创新及综合竞争能力。市教委出台有巴渝海外引智计划，每年资助在某一学科或者专业领域具有国际公认的较高学术造诣，或在世界知名企业、科研机构担任高级职务的高水平外籍专家和资深华裔学者来渝开展学术交流、科技合作或成果转化。市委组织部为对接《国家高层次人才特殊支持计划》，出台了《重庆市高层次人才特殊支持计划》，是重庆市加快实施人才强市战略，统筹市内高层次人才计划。2013年初，由市委组织部、人社局等联合制定高层次人才建设支持计划，为海外高层次人才引进注入了活力。同时，各个高校、企业用人单位为吸引海外高层次人才，制定了一系列的人才强校战略，提供有竞争力的工作、学习、生活待遇。这些政策的出台为实验班国际化资源的配置与建设提供了强有力的支撑。

（2）交流、访学项目走出去。针对国际化培优实验班而言，国家留学基金委、地方政府、高校及企业通过各类交流、访学项目，推荐优秀师生出国交流访学，直接促进了教育资源国际化。就重庆科技学院培优实验班而言，已经有接近30%的学生具有了出国交流及访学经历，大大提高了学生们的国际化能力。

（3）签订国际合作协议，深化国际化资源可持续利用。基于开放合作、发展共赢的国际化教育发展战略，通过签订两校合作协议或备忘录，从师资交换、国外优质在线教学资源及教材共享、国际化科技合作平台共建几个层面开展国际化资源共享及平台搭建，使学生充分享受国际化优质资源。

3.4　特色课程体系建设及管理

课程建设是专业建设的核心内容之一，为培养具有“厚基础、宽口径、强能力、高素质、国际化”

特点、创新思维和实践能力的复合型国际化高级工程人才，为进一步深化培优实验班教学改革，保证实验班课程建设的稳扎稳打，主要采取教学团队建设、课程负责人制、课程群建设、整合优化教学内容、改革创新教学方法及教学手段等项主要措施，推动实验班课程体系的改革与建设。

针对实验班特色课程体系建设，主要需要注重以下几点：一是突出行业特色的专业群建设，规划实验班专业人才培养特色专业主干课课程群。二是加强国际化教学资源建设的综合改革。从国际化接轨人才培养方案、全英文教材、全英文课程库、美式课堂教法以及多元化考核方式进行改革与建设，重视过程管理、考核方式改革。三是立足行业联盟联合的实践教学改革。通过贯彻培养专业方向行业的 ISO、GB/T 等国际和国家标准的教育实践，与行业企业联合进行过程控制的综合实践课程改革，开展各类创新性产品的“设计与验证”、模拟企业新产品“开发”的实践教学。四是实施课程负责人制，根据专业教师的知识结构以及教学经验背景，将所有专业基础课、专业平台必修课及选修课程实行课程负责人全覆盖，负责人总体规划、修订课程教学大纲以及课程建设。

目前，国内实验班通常为小班教育，基本与国外小规模教学班级（一般小于 20 人的班级占 70%）相符合，这是灵活自由教学方式的先决条件。但是，在地方高校培优实验班课程建设还普遍存在教学教法以及考核方法方面的传统问题急需解决：

（1）教学教法改革。国外先进的教学思想始终以学生为中心，鼓励主动学习，讨论所学知识，并运用于日常生活。为达到以上目的，实验班教学教法必须改革，一方面在课堂上使用大量练习、讨论、团队项目、学生担任教学助手等方式促进教学的进行；另一方面要求学生在课下必须花大量时间查阅资料并开展讨论、参与实践及科研课题，在实践中完成学习的过程。国外这种形式上灵活自由，本质上却使学生始终忙于学习并提升能力的教学方法，让学生在研讨式教学、课外学习和动手操作中受到较为完整的教育，使动手能力和创新能力等综合素质得到较好发展。但是，目前我国大学的教育大部分时候仍是以老师教为主，教师在教学设计中首先考虑知识的系统性和前沿性，留给学生发言讨论的时间不充足，学生课下专注在查阅资料、讨论、探究和实践的时间太少，无法真正实现综合素质的提高和创新型人才的培养。

基于以上情况，实验班可以通过引进、自建课程资源构建实验班专业骨干课程群的在线教学资源库，实行在线课程与混合式翻转课堂，提高学生自学能力和学习自主性，以更好地与国际教育接轨。同时，创新实验设计改革，探索建立适应行业发展需要的工程师培养要求的工程型、创新型人才的实验课程体系。设计实验课题结合企业实际和科研前沿，使学生的实际工作能力和创新能力得到切实的提高，而且也可以加速创新项目的孵化。

（2）考核方式改革。国外考核方式归纳起来有三点值得我们学习，一是考核不仅仅在期末，而是贯穿于整个教学过程中，包括 3 次左右小测验、1 次期末考试、作业、论文和设计等项目组成；二是考核通常由测验和综合能力等部分组成，案例分析、设计任务、小论文等形式更能体现学生的综合能力和创新能力；三是每项考核各占一定比例，期末考试通常仅占 20%~30%（详见表 3-2），更加突出了学习的过程和能力的体现。近年来，虽然我们借鉴国外的考核形式，加入了作业、论文、设计等方式，但本质上仍是以期末考试为主（占 50%~70%），较少使用阶段性测验，其他考核方式所占比例过少，不能在课程进行

表 3-2 密歇根州立大学（MSU）2011 年春季电子类 5 门课程成绩评定

课程名称		微型处理器与数字系统	高级计算机结构设计	模拟集成电路及其应用	超大规模集成电路设计原理	数字控制理论
测验一（Exam1）	占总成绩权重	20	15	200/3	15	25
	测验日期	2011-2-16	2011-2-15	2011-2-10	2011-2-14	2011-2-22
测验二（Exam2）	占总成绩权重	20	15	200/3	15	25
	测验日期	2011-4-6	2011-4-12	2011-3-3	2011-4-11	2011-4-5
测验三（Exam3）	占总成绩权重			200/3		
	测验日期			2011-4-7		
期末考试（Final Exam）	占总成绩权重	20	35	200		25
	考试日期	2011-5-5	2011-5-3	2011-5-4		2011-5-5
平时作业（Homework）		10		50	15	25
课堂参与（Participation）		5	5		5	
实验（Lab）		25		150	25	
综合实际（Project）	占总成绩权重		30		25	
	答辩日期		2011-4-25		2011-4-27	
总分（Grade）		100	100	600	100	100

中有效督促学生学习，并且难以检测学生的自主能力、综合能力和创新能力。同时，目前考核方式只注重结果，大多是知识性的考核，并不注重学生能力的提高和学习过程的监控。

由于培优实验班采用了小班教学，可以更好地组织学生开展讨论式授课，教师可以注重观察讨论小组内每个同学的学习态度，记录学生在小组讨论中的表现，可以增加描述性的定性评价，记录学生能力素质的发展变化，有利于针对性地对学生短板进行补缺。借鉴美国高等教育课程成绩评定方式及所依托的技术支撑，有利于实现高等教育国际化进程中的课程质量标准的国际化和课程成绩评定方式的国际化，有利于采用基本接近的价值尺度和考核标准衡量学生课程学习的优劣。

3.5 创新型工程技术人才培养模型

3.5.1 概述

纵观中国现代工程教育的100多年历史，其发展对国民经济的影响十分巨大，因为工程和工程科学是经济发展中一个人才支持的关键领域。同时，融入全球经济的中国，其工程教育也已经跨入了全球化时代。步入全球化进程后，中国越来越深入地参与到国际竞争当中，中国的工程教育也不可避免地要面临来自国内工业界的新要求和来自国际工程教育的新挑战。对此，我们必须有紧迫感和危机感，必须解放思想，正视现实，清醒地看到自身的问题和不足，加快改革步伐。

当今，我国处在经济和社会高速发展的时期，需要大量具有国际化视野的高级创新创业型工程技术人才。而且，世界许多国家已经认识到：扩大工程技术教育的规模，培养更多满足社会需求的高级创新创业型工程技术专业人才，是解决经济发展问题的根本途径。同时，《国家中长期教育改革和发展规划纲要（2010~2020）》也明确提出，创新创业素质教育是我国高等教育改革的重中之重。也就是说，我国工程技术学位教育就是为满足特定社会职业需求而建立的，现阶段主要目标是以创新创业为导向，培养社会需要的高层次工程技术专门人才。面对我国全球化的市场经济背景和现有工程教学模式，怎样更好地适应社会需求，更好地适应新兴交叉学科的建设和发展，培养出深受社会认可、企业欢迎的高级创新创业人才，成为地方高校人才培养所迫切需要研究和探索的课题，同样工程化教育更是实验班国际化创新创业人才培养解决的核心问题。

3.5.2　案例：EIP-CDIO-PDCA 培养模式研究与实践

根据我国地方高校工程教育改革总结的经验，在培养模式上探索适合应用型地方本科院校工程教育的改革，主要是将企业管理理论与现代教育相结合，以期改革提高教育教学质量。例如，一些地方高校开展的职业化素质培养体系（EIP）、国外工程院校的 CDIO 教育改革模式以及 ISO 国际质量管理体系认证（PDCA）等。

（1）EIP。职业道德是指人们在职业生活中应遵循的基本道德，即一般社会道德在职业生活中的具体体现，是职业品德、职业纪律、专业胜任能力及职业责任等的总称。它既是对本职人员在职业活动中的行为标准和要求，同时又是职业对社会所负的道德责任与义务。良好的职业修养是每一个优秀员工必备的素质，良好的职业道德是每一个员工都必须具备的基本品质，是企业对员工最基本的规范和要求，同时也是每个员工担负起自己的工作责任必备的素质。那么，怎样才是具备了良好的职业修养和职业道德呢?

近年来，现代职业教育常常借鉴企业的 EIP（ethics，integrity，professionalism）培养体系开展工程技术人才的职业会化教育，EIP 为讲道德、讲诚信和职业化，要求培养工程技术人才的职业道德、职业精神以及职业责任感，在 EIP 培养体系中通过专家案例教学课程与导师实践环节设置提升工程人才的职业化能力、规范职业行为。

（2）CDIO。随着现代科技与社会经济的不断发展，工程技术在现代工业和日常生活中得到越来越广泛的应用，工程的内涵也慢慢发生着变化。麻省理工学院把“现代工程”界定为关于科学知识和技术的开发和应用，以便在物质、经济、人才、政治、法律和文化限制内满足社会需要的一种有创造性的专业。可以说现代工程已不是一个孤立的系统，它作为科学技术活动向社会各领域的延伸，涉及社会、经济、市场、环境、生态甚至伦理和道德等领域。由此催生出 CDIO 工程教育模式。

CDIO 工程教育模式是近年来国际工程教育改革的最新成果。从 2000 年起，麻省理工学院和瑞典皇家工学院等四所大学组成的跨国研究组织经过四年的探索研究，创立了 CDIO 工程教育理念。CDIO 代表构思（conceive）、设计（design）、实现（implement）和运作（operate），它以产品研发到产品运行的生命周期为载体，让学生以主动的、实践的、课程之间有机联系的方式学习。CDIO 能力素质培养大纲将工程毕业生的能力分为工程基础知识、个人能力、人际团队能力和工程系统能力四个层面，大纲要求以综合的培养方式使学生在这四个层面达到预定目标。CDIO 的理念不仅继承和发展了欧美 20 多年来工程教育改革的理念，更重要的是系统地提出了具有可操作性的能力培养、全面实施以及检验测评的 12 条标准。已有几十所世界著名大学加入了 CDIO 组织，按 CDIO 模式培养的学生深受社会与企业欢迎。

CDIO 模式注重培养学生掌握扎实的工程基础理论和专业知识，在此基础上通过贯穿于整个人才培养过程的团队设计和创新实践环节的训练，培养既有过硬的专业技能，又有良好的职业道德的国际化工程师。

（3）PDCA。PDCA 循环又称为质量环，是管理学中的一个通用模型，最早由休哈特（Walter A. Shewhart）于 1930 年构想，后来被美国质量管理专家戴明（Edwards Deming）博士在1950年再度挖掘出来，并加以广泛宣传和运用于持续改善产品质量的过程中，是全面质量管理所应遵循的科学程序。

全面质量管理活动的全部过程，就是质量计划的制订和组织实现的过程。这个过程就是按照PDCA循环，不停顿地周而复始地运转。ISO国际质量管理体系吸收了这一理论，在ISO 9001：2000标准0.2条款的"注"指出，PDCA方法可适用于所有过程。其PDCA循环的内涵和模式可简述如下：

（1）P——策划。根据顾客的要求和组织的方针，为提供结果建立必要的目标和过程。

（2）D——实施。实施过程。

（3）C——检查。根据方针、目标和产品要求，对过程和产品进行监视和测量，并报告结果。

（4）A——处置。采取措施，以持续改进过程业绩。

PDCA方法适用所有过程，PDCA循环理论存在于所有领域，既包括人们的专业工作，也包括日常生活，它被人们持续地、正式或非正式地、有意识或下意识地使用于自己所做的每件事和每项活动。

在以往众多研究中，高校工程技术人才改革都是孤立地应用世界新兴的工科院校 EIP 职业化培养体系、CDIO 教育模式，或者孤立地应用 ISO 国际质量标准，是将三者割裂开的，缺乏对三者之间的深入分析和综合应用。为此，我们在仔细阅读相关文献理论的基础上，对这三个截然不同的模式内涵进行了深入分析后发现：EIP 职业化培养体系是注重培养工程技术人才的职业道德，CDIO 模式是注重培养工程技术人才掌握扎实的工程基础理论和专业知识，在此基础上通过贯穿团队设计和创新实践环节的训练于整个人才培养的一个过程，即 EIP 职业化培养体系以及 CDIO 模式是一个过程。只要是过程，就可以应用专注于过程提高的 PDCA 模式。因此，应用注重于过程提高的 PDCA 模式，可以更有效地提高和保障 EIP 职业化培养体系以及 CDIO 工程教育模式的质量和效果。

因此，该实验班培优案例“EIP-CDIO-PDCA 培养模式研究与实践”为基于 EIP 职业化培养体系以及 CDIO 模式和 PDCA 模式之间的关联，提出在创新型工程技术人才的培养模式上，积极学习和借鉴国际先进教学理论和质量管理理论，以国际 ISO 质量管理体系中的 PDCA 理论和当前国际上新兴发展起来的

EIP 职业化培养体系以及 CDIO 工程教育模式，来探索完善和改进新时期培优实验班的培养模式，以期达到地方高校实验班国际化创新创业工程人才教育的目的。

按照现代国际工程领域的职业要求，地方高校实验班对培优学生在技术知识和推理能力、个人职业技能和职业道德、团队协作交流和人际交往技能等四个方面，均提出了很高的要求，如图 3-2 所示。而目前的本科生由于长期受到应试教育的影响，普遍缺乏学

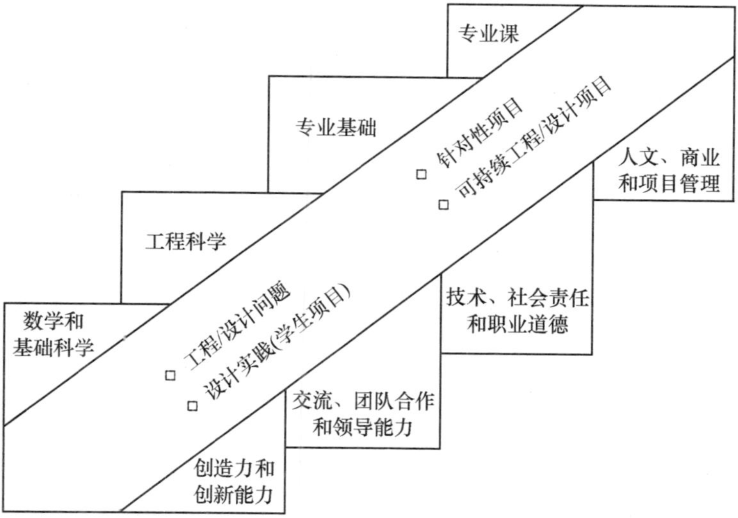

图 3-2　国际工程教育要求学生的职业道德、创新创业能力及培养过程

习主动性以及团队合作意识。很少甚至从未进行过项目创新与创业的训练，缺乏学习目标和自我规划，不理解和掌握专业知识的转化应用的意义和能力。以上种种具体表象，反映出我们培养理工科专业学生的教学效果与社会工程职业要求具备的四大能力的实际之间还有着很大的差距。

根据 EIP-CDIO-PDCA 模式，教育培养采用产学合作，通过设计解决企业的实际问题的项目课题，将整个服务于实验班专业方向的课程体系有机而系统地结合起来，将 PDCA 循环与知识的认识和提升有机地结合起来（见图 3-3）。通过精心规划项目的 EIP-CDIO 模式，引导学生对核心专业课程产生浓厚的学习兴趣，从而达到能力培养、综合发展的目的。将 EIP-CDIO-PDCA 模式与以往培养计划的不同之处进行比较研究，主要进行以下考察：

（1）以项目设计为主线，贯穿于整个学生培养教学阶段，使学生系统地得到 EIP 职业化培养体系以及 CDIO 模式的整体训练。通过项目设计将整个课程体系有机地、系统地结合起来，将所有需要学习和掌握的内容均围绕项目设计这个核心，形成一个整体，如图 3-3 所示。

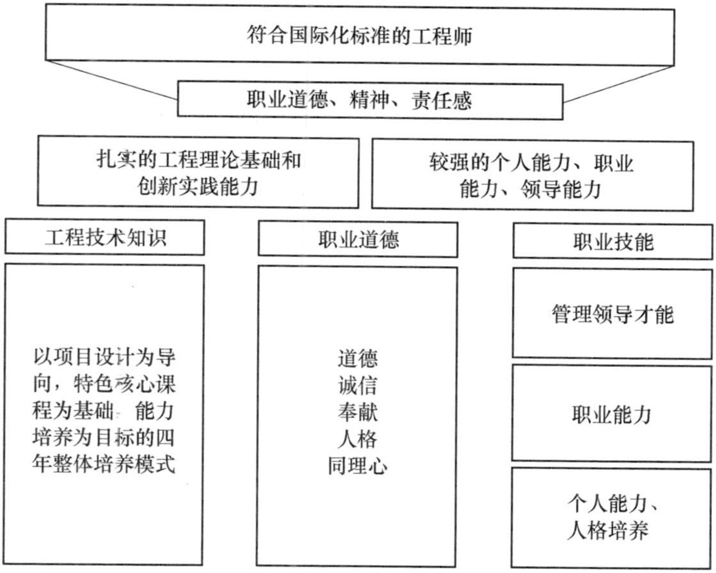

图 3-3　EIP-CDIO 模式的培养框架

（2）在保证学生具有本学科特色的知识结构外，是否有效培养学生所需要的个人能力和素质，包括工程推理和解决问题的能力、实践和发现知识的能力、系统思维的能力；是否有效培养学生所需要的人际交流与沟通能力，包括团队工作、沟通与交流以及信息的获取及传递等；是否有效培养学生所需要的在企业和社会环境下创新创业工程综合能力，包括外部和社会背景环境下、系统的构思与工程化、设计、实施以及运行项目的能力等。

(3) 是否通过贯穿专业学习的全过程的 EIP-CDIO 项目设计，让学生在学习专业知识的同时直接体验实践过程，在知识的学习和应用之间形成良性互动。

(4) 通过同时运用 PDCA 循环，考察在每个阶段是否使学生达到知识和能力的提高，对学生的职业道德、领导才能、团队精神、专业素质和创新能力培养绩效如何，如图 3-4 所示。

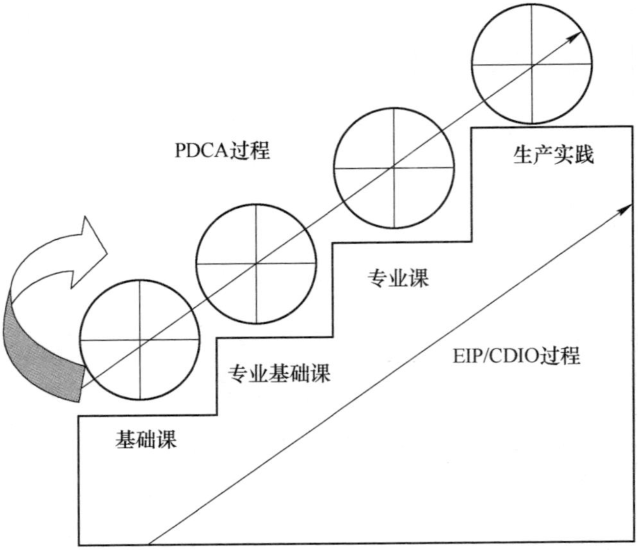

图 3-4 EIP-CDIO-PDCA 模式示意图

EIP-CDIO-PDCA 工程化培养模式实施的技术路线如图 3-5 所示，主要采用以项目为桥梁开展实施：

（1）项目从企业中来，到学校学生中去，再到企业中完成。

（2）学生从理论中来，到实际中去，再回到理论中学习。

（3）知识从课堂中来，到实践中去，再到课堂中丰富。

（4）能力从学习中来，到应用中去，再到学习中提高。

该案例以 EIP 职业化培养体系以及 CDIO 模式形成一个有机的整体，同时采用 PDCA 质量管理模式始

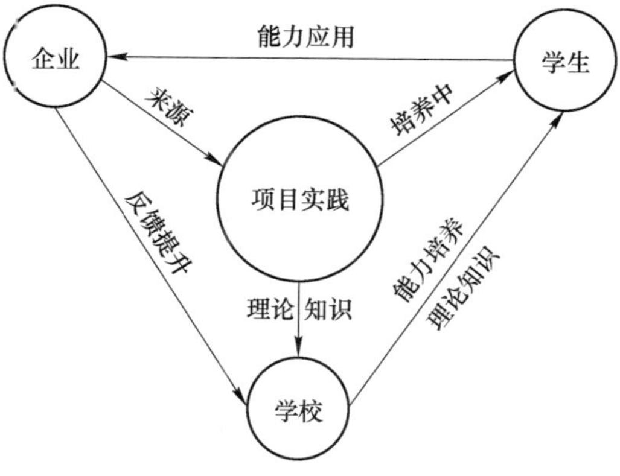

图 3-5　EIP-CDIO-PDCA 培养模式技术路线示意图

终贯穿这一过程，确保学生自主学习和工程教育的质量。同时，通过多样化项目训练，既促进了相关理论、技术实践、新技术在实验班专业方向的应用，培养一批理论+技术实践+创新设计的创新型工程人才；又可以培养一批具备理论+技术实践+创业与市场能力的工程管理与市场经营人才；还为学生们提供了一个互相学习、经验交流、信息反馈的机会，在相互交流、讨论与对照中找到自我差距，认识得到提升。经过 EIP-CDIO-PDCA 培养模式的研究与实践，实验班学生的职业道德、团队精神、专业素质和创新能力的培养均可得以实现。

3.6　国际化、创新创业特色活动案例

3.6.1　案例 1：出国深造学生的培养举措

海归是多年来颇受政府和企业青睐的一个群体，尤其是拥有真才实学的科学家、教授、学者等精英，归国后无论司职哪个部门和单位，无不受领导的器重，在岗位、职称、课题、待遇等各方面，一般都能得到厚待。他们常常能在较短时间内取得不凡成绩，证明自己的价值。这主要在于他们拥有国际化视野、

世界前沿知识并掌握一定的核心技术。从科技发展的角度看，发达国家的科技尤其是高科技、尖端技术常常领先于国内十几年甚至几十年。同时，相比国内研究生入学考试全国统考每年仅一次、面试筛选严格的情况，出国留学考试反而能够多次参加，且可以同时申请多个学校，升学机会更多。因此，出国留学一直是一些学子追逐的梦想和不二选择。

针对实验班部分立志出国深造的学生，首先必须清楚出国深造国家的入学条件，做到知己知彼。出国深造需要具备的基本条件如图 3-6 所示，除了自己在

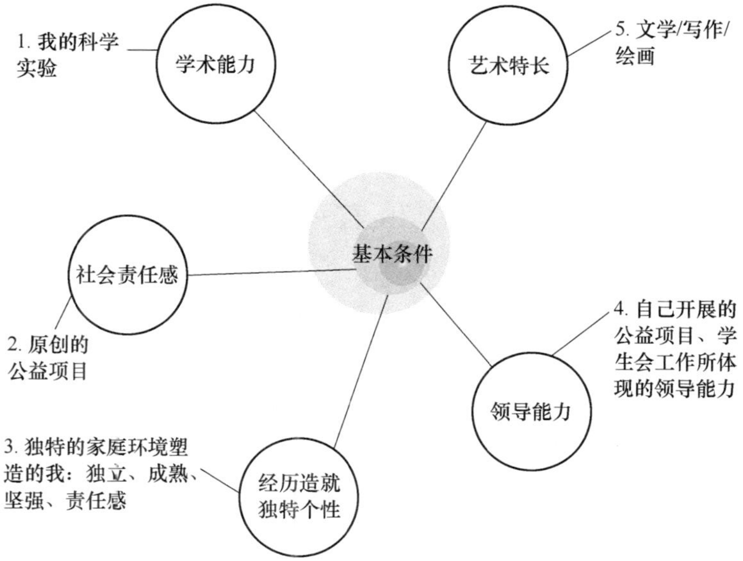

图 3-6　出国深造需要具备的基本条件

本科学习期间的学业成绩以及外语成绩达到申请学校要求外，还必须具备 5 个条件，才能有充分的文书资料，顺利拿到理想学校的录取通知。

针对出国深造的学生，在大学生活开始阶段就要必须明确自身定位与目标，着手本科阶段的全面规划：

（1）本科期间学业成绩的提高与保持。

（2）外语备考的准备及备考计划的制定。

（3）科研项目的申报以及进平台、进项目、进团队三进规划。

（4）通过选修、参与活动开展人文艺术素养的熏陶。

（5）公益项目的申报与积极参与的计划。

（6）通过组织活动锻炼、展示自己的领导能力的方案。

（7）出国留学机构的选择及申报事宜的安排。

3.6.2　案例 2：实验班国际化学术交流与创新创业活动月

针对地方普通本科高校的实验班教学改革，从普通本科培养国际化、创新创业急需人才现状入手，以重庆科技学院钱煦实验班（BIC）成功举办的“国际化学术交流与创新创业活动月”为范例，总结了依托实验班的综合实验课程的改革，开展特色培养的具体实施与成效，实践探索了将实验班的综合实验课程，尝试改革成活动月的方式，形成提升特色能力的专题培养模式。为地方普通本科院校的国际化、创新创业人才培养模式提供了参考与示范；为地方普通本科高校实验班的实验教学改革提供了一种新的启迪；为重点研究高校实验班的教学改革，提供一定的理论和实践意义。

钱煦（Shu Chien）先生是当今闻名国际的华裔科学家，美国加州大学圣地亚哥分校教授，为目前世界上唯一集全美四大院即美国科学院、工程院、医学院、艺术暨自然科学院之院士于一身的华人。重庆科技学院于2014年设立“钱煦实验教改班（BIC）”，专业方向为医疗器械与医电，旨在培养具有能力强、素质高、国际化特点的、具有创新思维和实践能力的复合型国际化高级工程人才。该班的设立不仅适应了国家产业结构调整、高等教育国际化发展的大好形势，而且对学校坚定走国际化、应用型发展之路有重要的推动作用。提供和满足重庆地区的“一带一路”

国际化经济发展的国际化人才需要。

BIC 每年从全校理工科新生中经面试选拔，保证 30 人之内的小班教育，践行国际化、创新、创业三维立体培养模式，已取得一系列明显优于同年级普通班的办学成果，形成了品牌效应。

现仅针对实验班的“综合实验”课程的改革与实践做一介绍，为地方普通本科高校开办实验班提供借鉴和经验汲取。

实验班“综合实验”课程的改革设想：紧紧围绕实验班“综合实验”课程的培养目标和大纲，促进提升 BIC 学生的国际化、创新、创业能力，创造性的实施多维、多方面的立体培养模式，采用开展丰富多彩的活动月的具体方式，完成实验班“综合实验”课程的培养目标，实施实验班“综合实验”课程的改革探索。改革方案是利用 BIC 实验班连续 5 周的综合实验专周，举办“BIC 国际化学术交流与创新创业活动月”，以活动月代替综合实验。主要思想有以下几点：

（1）将课程改革为多种形式的活动。在实验班“综合实验”课程实验教学改革过程中，摒弃过去封闭式教育思想，采取积极的开放式教学思想，转变过去传统封闭式的教学改革。采取集中邀请海外知名专家学者、院士、知名企业技术总监，联合我校 BIC 师生，开展专题研讨、专题创新创业项目设计、过程监控指导、成果比赛以及成果社会服务等活动。将综合实验设计转化为有国内外专家学者、企业专家指导下，以团队为单位，完成命题产品研发的各个课题项目的过程。

（2）各个活动以项目化实施。依据 CDIO 模式，加大工程教育的力度。按照学生工程应用能力教育的基本思路和框架，以形成学生专业能力为目标，以活动月各个课题项目内容为载体，以活动月的各个环节为路径，按时间顺序，分能力层次，交叉实施。具体活动内容安排见表 3-3。

表 3-3 国际化学术交流与创新创业活动月一览表

序号	活动主题	活动内容		活动时间
		第一部分	第二部分	
1	国际化学术交流篇	邀请海外知名专家学者围绕医疗器械与医电作专题前沿讲座	海外专家与学生开展学术沙龙研讨活动	6月9日～7月16日

续表 3-3

序号	活动主题	活动内容		活动时间
		第一部分	第二部分	
2	创新创业篇	邀请知名医疗器械行业企业技术总监来校做产品创新研发	企业与海外专家命题创新创业项目并全程与校内导师开启双指导	6 月 9 日～7 月 16 日
3	学生学术沙龙篇	根据国际化学术交流篇、创新创业篇体会以及专家指导建议，学生开展学术沙龙研讨活动	企业与海外专家、校内导师点评、辅导	6 月 17 日～7 月 3 日
4	成果完成、展示篇	在专家建议、启发下完成命题产品创意设计、制作、功能检测以及产品说明报告	成果展示以团队为单位进行 PPT 演讲、成果演示比赛、颁奖活动	6 月 11 日～7 月 16 日
5	院士指导篇	邀请院士辅导同学们做人生规划，创新创业素养培养	院士辅导同学们的感受会谈发言	7 月 1 日～7 月 12 日

续表 3-3

序号	活动主题	活动内容		活动时间
		第一部分	第二部分	
6	成果社会服务篇	指导成果进入社区、学校等场所开展社会服务的准备	进入社区、学校等场所开展社会服务，总结汇报	7月1日～7月18日

注：1. 主办单位：BIC 专业、钱煦生物医学工程研究院、纳微生物医学检测技术工程实验室。
2. 协办单位：重庆科技学院教务处、外事处、科研处、宣传部。

（3）在实施过程中，强调学生主体。在整个实验课程改革中，强调学生独立进行实验项目的完成，加强学生工程应用中的团结协作能力、交流能力、个人表现及独立思想的表达能力的培养。学生以团队为单位管理好各自的项目。开展基于学生为中心的实验教学改革，促进和推动地方普通本科高校向工程应用特色型高校转变和发展。

（4）强化过程及效果评价。活动月的项目化管理是实验班“综合实验”课程改革的主要手段，对其评价也是教学改革质量评价的重要一环。在实验班“综合实验”课程改革中的各个活动均分为两个部分：实施与总结。均要求学生与老师进行总结评价：活动及实验项目验收的评价，对各个活动的内容和实验项目实施不同方式的验收评价。

国际化学术交流与创新创业活动月的实践：依托实验班的“综合实验”课程的改革，实践探索了将实验班的综合实验课程，尝试改革成活动月的方式，具体实施过程和经验介绍如下：

（1）策划与撰写计划书。BIC 国际化学术交流与创新创业活动月是结合该实验班连续 5 周的综合实验专周而举办的专题训练，在集中连续的时间区间内，通过国内外知名导师的引导、指导，强化学生的国际化交流能力与创新创业能力。主题确定好后，撰写活动月策划书，整个活动月确定为六个篇章，分别是：国际化学术交流篇，创新创业篇，学生学术沙龙篇，成果完成、展示篇，院士指导篇以及成果社会服务篇，每个篇章相互交织，相互连通，打通各个环节，形成一条培养链、成果链。不仅做到整体活动月有策划，还要做到每周有具体实施计划，精确到小时，包括活动参与的人物（包括专家的接待、安排，师生的组织等）、地点（包括智慧教室的确认、布置、功能的测试）、时间（每个活动的时间段确认）、活动流程、活动要求等，并将学生划分团队，进行团队管理。规范学生成果验收、评奖标准、奖品设置等，经审核通过后，作为活动指南具体实施，并进行发布。

（2）活动宣传与组织。将活动月策划书上报学校各个职能部门审批，将每周活动安排与计划在全校挂网、学院挂网、全校挂活动横幅、电子显示屏滚动播放，并利用现代互联网，通过 QQ 群、微信群、手机 APP、H5 宣传小片等实时推送、发布具体实施计划与要求，通过这类宣传一是通过职能部门可以顺畅协调场地、人员安排；二是可以触发学生学习激情，积极参与各项活动；三是通过学校性宣传，可以吸引更多有兴趣的学生报名参与活动，学生受益面扩大，对学校今后开展此类活动提供模板，起到示范作用。

（3）现场安排与布置。在前期与活动期间各种宣传与组织工作落实到位的基础上，具体每个活动的场地根据内容不同，确定场地落实及布置负责人，负责人带领并安排相应工作人员到位到场，具体分工协作，实行责任制考核，包括专家研讨智慧教室各个功能的测试，在线录音、录像专业人员的确认，激光笔、话筒、音响的检查，翻转课堂桌椅的摆放，活动场所电子屏的字幕等。

(4) 现场过程控制与跟踪宣传报道。现场过程控制是活动效果的关键环节，负责人需要全面掌控活动开展的各个流程环节、包括知名国内外专家的介绍、欢迎致辞，专家与师生互动环节的把控，活动按策划计划的内容的推进，活动总结发言等，推动整体活动流程的有效实施。

为感谢支持活动的各职能部门以及参与活动专家、师生的回馈，在活动过程中以及活动结束后进行跟踪宣传报道，重点报道、展示活动的进展以及成果。活动跟踪宣传报道不仅是对活动的一种总结形式，更重要的是对活动效果进行宣传，起到示范作用，吸引更多优秀学生加盟，也利于实验班今后生源质量的提高，2017 级 BIC 新生面试就已经有多名优秀学生看到该活动的新闻报道而下决心报考重庆科技学院，报名参加 BIC 新生吸纳活动。例如活动报道：http：//www. cqust. edu. cn/info/1042/34337. htm。

活动月模式的巩固改进：实验班的“综合实验”课程的改革，实践尝试改革成活动月的培养方式，但要形成提升特色能力的专题培养模式，还需要巩固完善。

（1）建立活动月长效机制，打通学生个性化本科、研究生创新课题。虽然国际化学术交流与创新创业活动月，每年在固定的时间举办一次，长达5个专周，但如果要确保活动的效果发挥得尽善尽美，必须建立长效机制。一是需要对学生国际化理论课程群、创新创业实验实践实训课程群建立连续性培养目标，保证对学生团队科技创新项目的连续性；二是每年邀请来校专家专业领域的稳定性，以保证专家指导的连续性；三是在本科毕业设计中进一步体现科技创新项目的深入关联性，甚至打通研究生培养项目，形成一条国际化、创新创业的培养链、项目链、成果链。

（2）建设活动月在线课程群，师生互动、深度加强培养质量。专家研讨课以及一些活动环节进行全程录像、录音，制作在线课程群，发布上网，师生在线上可以进一步交流，对各个知识点、各个环节深入探讨；同时，学生在线上可以与活动月外请知名专家进一步研讨、接洽，加强国际化交流培养。

总之，虽然重庆科技学院BIC培优班成功举办的国际化学术交流与创新创业活动月取得很好的效果，许多兄弟院校来观摩学习，受到广大师生、兄弟院校以及媒体的高度评价。但是普通本科培养国际化、创新创业急需人才是一项艰巨的大工程，需要学校领导、各个职能部门以及师生长期的努力工作才能培养出符合现代社会需求的国际化拔尖创新人才！

4 班级文化建设

4.1 身份认同

近年来，国内一些高校为了培养具有国际竞争力的创新型人才，陆续以举办“实验班”（也称“试点班”或“创新班”）的形式积极探索人才培养的新模式。据不完全统计，目前我国高校开设的实验班已超过百个，在专业和培养方式上各具特色，招生形式或直接从高考中招收独立成班，或入学后从低年级学生中选拔。在培养模式方面，有的以加强学生的理论教育为主，有的以加强学生某一方面的实践能力为主，也有以创新创业教育为主要目标的实验班。在上述实验班的实施过程中，无论何种培养模式均面临一个重要课题：尽快实现培养目标，促进学生自我成长。而要实现培养目标，实验班学生的身份认同问题尤为重要。根据对广州大学酒店管理实验班近一年的跟踪调查发现，在该班25名学生中，有超过70%的学生对自身的学习身份存在认同疑惑，尤其是从不同专业班级中选拔并仍有部分课程跟随原班级上课的大学生，随着实验班的建立，学生普遍存在身份认同感缺失问题。“身份”指在文化语境中人们对于个人经历和社会地位的阐释和建构，是自己怎样与别人区分开来的问题，认同则是个体或群体对身份的追寻、确认，身份与认同是个人或社会群体定义“我是谁”的方式。

身份认同有以下两个方面的影响：

（1）影响学生就业意向。身份认同是影响学生在校学习以及今后职业生涯发展的主要因素。只有对专业和行业认同感较高的学生，才会具有强大的学习动力，愿意将自己的主要精力投入于学习生活中，积累将来作为优秀专业人才的良好素养。同时，身份认同的形成不仅仅在于回答“现在我是谁”的问题，更要回答“我要成为什么样的人”的未来问题。进入实验班的学生若有明确的“身份认同”，也即明确地回答了以上两个问题，从而认明了自身人生发展的方向。

（2）身份认同影响学生学习积极性。身份认同是个体对自我身份的确认和对所归属群体的认知以及所伴随的情感体验及行为模式进行整合的心理历程。学习构建者认为，无论是个体的学习还是合作的学习，都是通过学习者积极的活动而实现的。当个体对自身群体的认识越明确时，对相关知识和要求的内化程度、投入程度及积极性越高。同时，身份认同程度高的个体往往能够成功处理压力，应对各种变化，保持积极向上的学习、生活和工作态度。当学生认同实验班群体时，其将以学校的人才培养目标作为个人目标，从而主动学习专业知识，努力塑造完美人格，为未来的工作打下基础。

实验班学生身份认同是一个动态的过程，是学生知、情、意、行逐渐内化的养成教育过程，因此，在实验班实施过程中，可以利用养成教育理论进行构建并强化“身份认同”，其途径主要有三个方面：

（1）通过营造实验班氛围和对接行业教育促进“身份认同”的第一个层次是对自我身份的确认和对归属群体的认知。因此，在实验班组班的准备和初期阶段，环境氛围作为外界刺激起着感官强化的作用，环境氛围主要包括：课室氛围、标识、班服等。“身份认同”的第二个层次是主体对自我归属于某一角色身份及群体的情感，故需要设计与培养目标一致的专业活动，主要包括：设置学校专业教育课程、与职业人士互动、指导职业生涯规划、组织相关专业活动等。

（2）在实验班环境建设的过程中，注意发挥学生的主观能动性，让学生广泛参与建设和对话，分享观点和资源，了解实现管理和创新的多种方法和途径，从而在认知和情感上促进实验班学生的身份认同。

（3）通过加强人文素质教育和制度建设强化身份认同人文精神是大学教育的核心，是大学的灵魂所在。实验班学生由于经过层层选拔，通常表现更为优秀，更应重视人文精神的培养。在培养目标、教学计划、教学大纲、实验实训等环节重视人文素质教育，通过组织各类主题讲座、参观国际型企业、参与专业竞赛、进行社会实践等方式，激发学生的自豪感、成就感和自我身份认同。同时重视开展制度建设。广州大学为酒店管理实验班配备了有专业背景的班主任，引进了多名企业导师，每个导师指导 2～3 名学生，制定实验班考核制度，执行严进宽出的培养方式，组织实验班学生参加全国比赛等，提供给学生可选择性的实践机会与挑战，进一步强化学生的身份认同感。

4.2 班级特色文化建设

班级文化是指由班级全体成员通过教育、教学、管理、活动所创建和形成的精神财富、文化氛围以及承载这些精神财富、文化氛围的活动形式和物质形态。班级文化也是校园文化的基础，同时也是学校学风及大学精神树立的关键环节，班徽是体现班级文化的最佳载体，是值得实验班提倡的校园活动。

4.2.1 班徽的设计——班级精神与希望

在构建班级文化的过程中，班徽的设计既能够充分发挥其对班级成员的导向，体现同学们的班级精神与希望外，又能使学生在这里体验设计的成功感，产生幸福感，增强了班级的凝聚力，培养了创新精神和实践能力，发挥了活动育人、文化育人和环境育人的功能。

以实验班（BIC）班徽与班服为例介绍如下。

重庆某地方高校设立的钱煦实验班（BIC）从 2014 级到 2017 级的班级班徽如图 4-1 所示，BIC

（Biomedical International Class）的寓意为培养具有国际化视野的优秀人才。

2014 级班徽寓意：班徽周围的 DNA 双螺旋代表着 BIC 小伙伴手拉手、心连心，团结一致，围绕在一起；以地球为基地表示班级国际化的目标；屹立中心

2014级班徽

2015级班徽

2016级班徽

2017级班徽

图 4-1 BIC 班 2014 级到 2017 级班徽

的蛇杖是医学的象征，代表着对生命和健康的重要使命。BIC 作为班级“Biomedical International Class”的缩写，“B”象形成“β”，代表着我们为工科学科；“I”象形成“奖杯”，代表我们奔向成功的决心；“C”的右上角与数字“7”合并成“7C”，这正是 BIC 的班训“Compassion，Commitment，Comprehensive，Creativity，Cooperation，Communication，Consummation”全心热爱、决心投入、用心了解、精心创新、同心合作、推心沟通、尽心完成。我们将跟随 BIC 班徽的精神，努力诠释钱煦先生的话语，共同努力进步。

2015 级班徽寓意：图案以蓝白色为基调，代表着钱煦实验班学子单纯美好、追求真理的初心。以荆棘鸟寓指 2015 级 BIC 的成员，表达 BIC 学子探索知识的坚定，追逐梦想的决心；它们紧紧围绕着 BIC，获得知识的哺育，同时也期盼以不断成长，以更加饱满的姿态衬托出 BIC 的辉煌；荆棘鸟与 BIC 的连线表现出 2015 级学生与 BIC 之间的亲密、团结是 BIC 班集体永恒的主题，象征着 BIC 学子互帮互助，感恩回报的愿望。

2016 级班徽寓意：班徽外形取材于代表思维和创新的线条，由 2 根互相交错的线条，代表着多种思维和想法在 BIC 的框架上碰撞和交融，同时班徽由黑色和白色构成，简单却不单调，代表了在真理的求学路上治学严谨的意义。班徽的中心主题标志是由黑白线条通过不同方式组成的 2016BIC，上方取材于房顶外形，房顶上有英文书写的学校名称，下方则是由大海的波纹组成，整个寓意为 2016 级 BIC 像一家人，团结向上，象征着在学术的海洋中，站在 BIC 的这个平台上，以梦为马，扬帆起航，不断探索。

2017 级班徽寓意：BIC 班是培养具有创新思维和实践能力的复合型国际化高级工程人才的班级，班徽设计的底色运用海洋渐变蓝色，希望 BIC 班的同学拥有海洋一般的胸怀和视野。B、I、C 三个字母抽象形成一个圆形，形似地球，代表着 BIC 班的国际化，它又形似一只充满智慧的眼睛，代表着 BIC 班同学能够胸怀天下，自强不息。

几届同学班徽的设计均从不同角度展现了实验班学子的梦想与希望！

除了班徽的设计，实验班同学们在辅导员老师的带领下还设计了班服（见图 4-2），更加强化了班级认同感与凝聚力！

图 4-2　班服的设计

4.2.2　班级活动素质目标——先做人，再做事

联合国教科文组织于 1986 年就提出了教育的四大支柱，也可以说是教育的四大目标，即：Learning to know（学会求知），Learning to do（学会做事），Learning to co-operate（学会合作），Learning to be（学会生存与发展）。美国首位华裔市长黄锦波博士新年寄语中国大学生：千学万学先学会怎样做人！有教养，比有文凭更重要！一位哲人说过，不会做人，不会学习的人是个废品；会做人不会学习的人，是不合格产品；会学习，不会做人的人是危险品。

归根到底，班级文化建设、素质培养的核心就是

"先做人、再做事"。我们通过形形色色的活动培养学生学会做人、学会做事，学会学习、学会沟通，促进学生的整体和谐发展，铸造健康饱满的人格。

著名华裔科学家钱煦教授认为万事存乎一"心"，先生用"7 心（7C）"理论来总结科研成就和人生秘诀，很好地总结了为人之道与做学问之道，被众人尊称为钱煦精神：compassion（全心热爱），commitment（决心投入），comprehensive（潜心了解），creativity（精心创新），cooperation（用心合作），communication（推心沟通）和 consummation（尽心完成）。他告诉年轻人："有机会就要去尝试。人生是不能够预测的，很多事情我们不能控制，只能尽最大努力，积极向前。"

4.3 宿舍文化建设

宿舍文化是校园文化的重要组成部分，积极向上的宿舍文化对大学生的健康成长、成才有着十分重要的作用。宿舍虽小，但是相对稳定和集中的学习、生活和交流的重要活动空间，占据了大学生三分之一到二分之一的生活学习时间，是全面提高学生综合素质的第二课堂。

同时，宿舍也是学风建设管理的重要阵地之一，如重庆某高校以通过创建“三架构”，全面构建多成分、多层次、多内容的公寓文化，稳步推进学风建设：

（1）架构三级联动机制，加强学生自我管理。为了充分发挥学生在寝室卫生、纪律和思想道德等方面的主人翁作用，从学院中选拔出严于律己的学生代表，成立“学院自律委员会”，积极参与公寓管理工作，营造良好公寓环境。自律委员会同学秉承“为学院服务，为同学服务，为自己服务”的宗旨，倡导“热情、自律、积极、进取”的精神，立足于公寓管理，充分发挥和宿管、保安的联动作用。在构建文明公寓和增强学风建中起到主导作用。

（2）架构书香文明雅室，营造良好内外部环境。在公寓文化建设过程中，学院紧密围绕学风建设的主线，扎实推进学风对宿舍的影响，开展公寓文化节、学校文明月等活动，与此同时学院将开展“雅室大赛”这一活动，形成热爱学习、追求卓越的精神及勤奋严谨的寝室文化环境，加强学生参与公寓文化建设的积极性和创造性。

（3）架构思想教育阵地，促进学生沟通交流。学院将公寓作为学生思想政治工作空间的延展，本着“思想政治进公寓，增强工作实效性”理念，在公寓设置了自律委员会办公室，辅导员与自律委员会成员共同不定期对公寓进行检查，并与个别同学进行思想上的交流，让每位同学对生活抱有积极的态度。

5 实验班过程管理

5.1 运行管理组织架构

传统的人才培养班级教学及学生管理由院系、专业直接监管，系主任、专业负责人以及辅导员负责日常运行，这套机构在本书中称为党政一级管理运行机构。为加强实验班培优计划有效实施、达成实验班培优目标，在实验班特设由专业负责人（实验班负责人）、教学秘书、国际化及创新创业导师、辅导员、学生班团委组成的专业二级运行管理与监督机构。实验班在党政一级管理运行机构与专业二级运行管理与监督机构的指导下，在实验班负责人的管理下，按建设内容和建设目标设置建设单元，各建设单元设置负责人，同时保证实验班固定建设人员和流动建设人员的结构和规模合理，如图 5-1 所示。

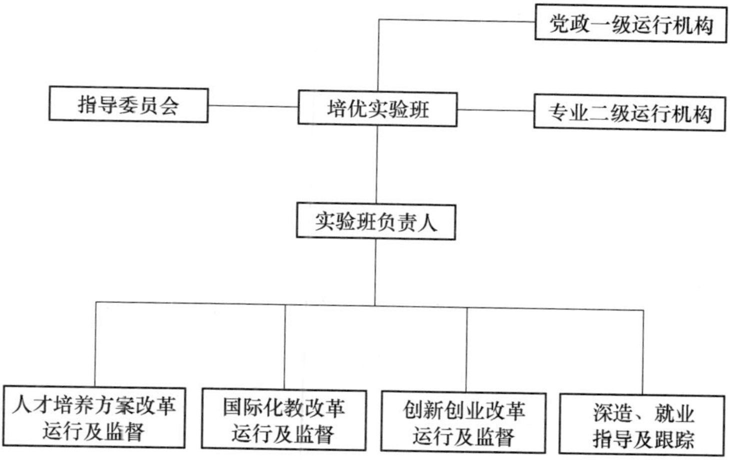

图 5-1 运行管理组织架构图

（1）党政一级运行机构。

组长：学院院长。

副组长：学院主管教学副院长、学院主管学生工作副书记。

（2）专业二级运行管理与监督机构。

组长：专业负责人（实验班负责人）。

副组长：教学秘书。

管理与监督运行成员：国际化及创新创业导师、辅导员、学生班团委干部以及教学督导。

（3）指导委员会。实验班的指导委员会成员由国内外专家、学者以及企业专家组成专业建设委员会，就人才培养目标、定位以及培养方案的修订等进行指导及论证。

实验班实行依托单位领导下的负责制，实验班设置负责人 1 名，配备专门管理人员协助实验班负责人进行日常管理与实验班的协调工作，包括实验班的人才培养方案制定与修订、教学科研平台、国际化及创新创业培养实施计划的落实、特色活动的开展和后勤保障等事宜，监督实验班管理运行规范的落实。

5.2 运行管理制度的建立

为了加强培优教改实验班的管理，除按照学校相关管理规定外，结合本班实际，实验班需要建立相应针对性运行管理机制、双语及全英文教学规范管理机制、创新创业项目管理机制、奖学金管理办法、科研实践平台管理规范以及对外合作交流运行机制等各类规章制度管理文件，经一级、二级管理机构审议决定下发监督执行实施。下面就重庆某地方高校制订的实验班管理规范、双语及全英文教学规范、教学教法以及奖学金激励办法的案例进行展示，以供参考。

5.2.1 案例1：实验班管理办法

实验班管理办法如下：

（1）除艺术类、对口高职类、定向生外，实验班采取学生自愿，学校选拔的方式，面向全校所有理工科专业招生。

（2）实验班实行动态管理。学生一经选拔进入实验班后，原则上不得中途退出。如确因能力等问题，由本人申请，家长签字，学院审核，报学校批准，允许中途退出。

（3）当学生中断实验班学习者，退回原录取专业。

（4）实验班的运行管理纳入学校统筹管理，学院具体组织实施。

（5）实验班专业课程实行全英文教学，部分基础课程实行中英文双语授课，教师主要由来自境外或有海外学习经历的境内教师担任。

（6）实验班除按照国家规定课程执行外，选择部分特色课程与培养标准与国际接轨。

（7）实验班除执行国家政策规定的奖、助、贷、评优等政策外，同时由学院单独设立实验班学习优秀奖学金。

（8）实验班的学生毕业与授位按学校有关要求执行。

（9）实验班的学生在同等条件下优先推荐为“国（境）外姊妹高校交换生”；符合条件者可申请攻读国外、境外相关专业的硕士研究生。

（10）本办法由学校教务处、学生处、外事处负责解释。

5.2.2 案例 2：实验班双语/全英文课程教学规范

实验班双语/全英文课程教学规范如下：

（1）教学大纲、授课计划。实验班双语/全英文课程的授课计划要求采用中英文对照格式，教学大纲采用中文格式。

（2）课堂教学课件。实验班全英文课程课件要求 70%～80%含英文元素，双语课程要求 40%～50%含英文元素。全英文课程讲解过程中在学生掌握专业知识的前提下尽量采用英语讲解，双语课程适当采用英语讲解。其中，所有课程课件每页抬头、标题均为中英文对照。

（3）课前、课后作业。实验班全英文课程作业要求 50% 含英文元素，双语课程要求 30% 含英文元素。

（4）试卷。实验班闭卷考试课程中全英文课程要求 30%~35%采用英文出题，双语课程要求 15%~20%采用英文出题，选用开卷考试的双语/全英文课程根据实际情况出题，基本与闭卷考试课程英文要求相同。

（5）教材。实验班双语/全英文课程除中文教材外，均需有相关英文参考资料装订本。

5.2.3 案例 3：实验班奖学金评定办法（试行）

评定办法总则：

（1）为了全面贯彻国家的教育方针，鼓励实验班学生在校期间奋发向上、刻苦学习，充分调动学生的积极性，营造积极向上的学习氛围，培养具有创新思维和实践能力的复合型国际高级工程人才，根据教育部的有关文件精神和《××××学院学生管理规定》及实验班实际，制定本办法。

（2）学校成立实验班奖学金工作领导小组负责实验班全日制本科学生的奖学金评选工作，组长由××××学院分管学生工作的院领导担任，副组长由实验班负责人和××××学院分管国际交流合作工作的院领导担任，成员包括实验班辅导员及××××学院奖学金专干。作为奖学金管理的归口部门负责奖学金的评审工作，奖学金的评审工作应在奖学金评审办公室的指导下完成。

（3）奖学金的评审结果应由钱煦奖学金评审办公室报领导小组审批、备案。

（4）坚持精神奖励和物质奖励相结合的原则，对优秀学生发放奖学金，并注重荣誉奖励，颁发奖励证书。

（5）本办法适用于在校学习的实验班全日制本科。

奖励对象及条件：奖励对象为全日制在校生钱煦实验班中特别优秀的二年级、三年级本科学生。

申请奖学金的基本条件：

（1）热爱社会主义祖国，拥护中国共产党的领导，拥护改革开放，积极参加各项政治活动，模范执行大学生守则和学校有关规章制度，遵守国家法律，道德品质优良，无任何违纪记录，在校期间无任何不良信用记录。

（2）诚实守信，品行良好，热爱集体，积极参加各项活动，遵守社会公德，具有良好的道德修养和文明习惯，尊敬师长，乐于助人，上学年担任校内外义工工作时间不低于 20 小时，参加社会公益活动不低于 3 次。

（3）热爱所学专业，学习目的明确，学习态度端正，学习勤奋，成绩优良，学习成绩排名班级前 50%以内。

（4）积极参加体育锻炼，身体健康，体育达标。

（5）学生该学年平均绩点必须在 2.5 以上方可申请钱煦奖学金。

（6）学年内有任一科目成绩不及格或有重修的学生，不能参加该学年评定奖学金。

（7）学生在学年内受行政处分，取消该学年奖学金评定资格。

（8）本次申请前获得的各类奖学金使用情况良好，无违规使用现象且有回报感恩观念及实际行动。

奖励和奖励金额和名额：

（1）奖学金每学年每年级评选 6 人，其中一等奖 1 人，二等奖学金 2 人，三等奖学金 3 人。

（2）奖学金奖金每学年每年级金额为 11000 元，其中一等奖学金每学年每人 2500 元，二等奖学金每学年每人 2000 元，三等奖学金每学年每人 1500 元。

（3）奖学金在二年级、三年级中每学年评一次，每年 6 月进行，7 月由财务处统一发放汇入学生个人银行账户，10 月实验班新生开班仪式颁发奖学金证书并进行表彰。

（4）在符合评选基本条件的前提下，学习成绩（GPA）占 60%权重，创新创业实践活动占 30%权重，公认度占 10%权重，根据三者综合排序，在《奖学金量化考评办法》基础上实施。

（5）奖学金评选由钱煦奖学金评审办公室组织，钱煦生物医学工程研究院具体实施评选。

奖励的申请与评审：

（1）学生本人每年 6 月在规定的时间内向辅导员提出书面申请和个人总结，填写申请表，并提交相关资料原件（使用后退回学生本人）。需要提交的申请材料包括：《实验班学生专项奖学金审批表》、上一学年的学习成绩单、年度总结及相关获奖证明材料。

（2）各年级成立奖学金评审小组，由辅导员任组长，2 名专业任课教师代表为副组长，班长、团支书及 2 名民主推荐的学生代表为成员。奖学金评审小组按照评审条件和人数对学生的申请进行评审，并在所在年级公示结果，同学无异议后报学院审核。

（3）学院对各年级的奖学金评审结果进行审核，并将初评结果在全院网上公示 3 日。公示中出现异议，要调查核实，如确有不当，要返回年级进行重新评审。

（4）学院将审核后的奖学金评选结果报送学院党政联席会议研究审批，并对获奖学生颁发奖学金和证书。

附则：

（1）奖学金的评选要严肃认真、实事求是，遵循公开、公平、公正的原则，严格执行评选条件和程序。

（2）实行奖学金追回制度。学生不得弄虚作假，否则取消获奖资格，追回所得奖学金和证书，并按有关规定进行严肃处理，追究相关责任。

（3）受到校级警告以上处分者，自处分下达之日起，停发奖学金，一年内取消评选资格。

（4）网络或实际言行给学校或他人声誉带来不良影响者，自审查确定之日起，停发奖学金，一年内取消评选资格。

（5）学生本人在申请过程中存在弄虚作假的行为，将取消其参加本年度钱煦奖学金评选资格，且不允许参加其他年度钱煦奖学金的评选。

（6）奖学金的评选结果均真实完整地归入学院文书档案和学生本人档案。

5.2.4 案例 4：实验班国际化、创新创业教学改革措施规划

以重庆某高校钱煦实验班的国际化、创新创业教学改革措施规划如图 5-2 所示。

（1）形成“与国际接轨，突出两个能力”的高级应用型人才培养模式。制定国际化人才培养方案，优化课程体系，全面改革教学内容、教学方法和教学手段，精心构建质量监控和评价体系，形成了以“一个具有（具有国际化视野）、两个能力（创新能力和工程实践能力）”为培养目标的应用型人才培养模式，进一步强化“国际化、懂专业”的现代高级工程人才的培养。

（2）开放桌椅式、小班课堂“在线精品开放课程”教学模式改革。在国际化教育的总体要求下，引入国外先进教育理念和教育模式，根据美国课堂教

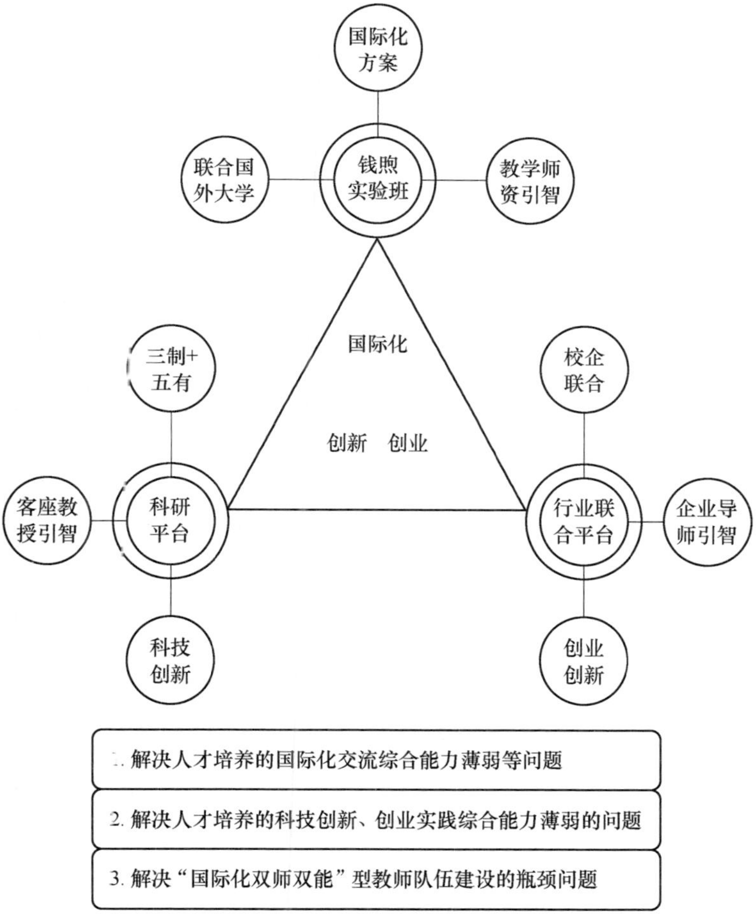

图 5-2　实验班国际化、创新创业教学改革规划示意图

学活跃、讨论多、氛围轻松，但课后阅读量大、测验多的特点，开展“在线精品开放课程”系列教学模

式改革。

(3) 实施“三制”对接和“五有”训练网络，打造国际化高端科技创新创业平台与人才培养新模式。创新激励机制，构建“二全、二多”的“三化”育人格局。从学校、学院、教学系（中心）多层面构建一系列制度、政策、举措，按照有利用于促进专业人才培养标准工程化、训练项目化、设计实战化的教改要求。激励、引导校企教师和学生“全员、全过程”重视、爱好并积极投入其中。实施导师制，从学生进校就开展专业教育引导，从大二开始就吸纳学生参加教师的科研项目，充分调动学生参加科学研究的积极性，让所有学生在参与课内系列项目训练的基础上，对学有余力的学生实施课外创新项目训练、参加各类学科竞赛、参加相关能力、资格证书考试，学生课外科技创新训练的比例达到95%以上，双证书拥有率达到80%以上。通过“多形式、多层次”的差异化培养，实现大众化教育与精英教育的有机结合。

同时，通过与国外知名大学以及校企合作模式，实施“项目制、导师制、团队制”三制对接，通过导师组队、学生自主命题的形式，积极组织申报国家级、市级、校级科技创新、创业项目，做到学生

“人人有项目、人人有导师、人人有团队、队队有产品、成果有转化”的“五有”训练网络，实现“项目—学生—导师”三结合、全覆盖，创新、创业人才培养得到强化与提高。

(4) 创新教学手段方法，提升学生培养质量。优选训练项目，实施“五进”教学改革：通过优选企业的经典工程项目、教师的科研项目和学生的自主创新项目，依据学生的认知规律，改造为适于学生的训练项目，使之进教材、进课堂、进实验室、进创新项目、进学科竞赛，着力培养学生的工程实践能力和创新能力。比如，在专业综合实验课程的教学改革中，根据项目研发的原理与方法，以不同产品的研发为主线，将传统分散的多门课程实验有机地结合起来，形成一个大型的综合性、设计性的训练项目，使学生得到产品研发的全过程综合训练。

建立校企联动机制，实施“实战化”毕业设计教学改革：学生在毕业设计时，基本上都签订了就业单位，由学校教师和企业工程师共同确定毕业设计(论文)题目、共同编制学生的实习、设计(论文)任务书、共同指导学生、共同把关毕业设计(论文)质量，根据实际需要让学生在学校与企业两处交叉进行实习、训练和设计（论文）。

通过贯彻行业 ISO/GB 类国际和国家标准的教育实践，与行业企业联合进行过程控制的综合实践课程的 PDCA/CDIO 培养模式改革，开展各类创新性产品的“设计与验证”的模拟企业新产品“开发”实践教学，使学生的创新能力和实际工作能力得到切实的提高，而且也可以加速创新项目的孵化。

（5）改革、优化教师队伍，实现“国际化双师双能”型教师队伍建设。教师队伍工程素质的养成、交叉学科知识结构的形成、团队协作精神的培育、国际化视野的拓展，是培养国际化、创新创业型高级人才的重要保证。

实验班需要紧密结合产业的发展优势和学校发展的重大机遇，以相应学科、特色专业和教学团队建设为依托，进一步加强教学队伍建设。采取“长远规划、重点投入、分步实施”的建设思路，以师德高尚、工程实践能力和创新能力强为核心指标，以教学队伍建设“团队化”“复合化”“工程化”“国际化”为着力点，通过改革师资引进模式、引进标准、师资培训，打造一支具有丰富工程实践经验、创新能力强和国际化视野的“三导师型（专业导师、科研导师、企业导师）”“专兼结合”的“国际化双师双能”师资队伍，确保人才培养过程优质高效。

（6）营造专业文化氛围，培养适合行业和区域发展需要的高素质专业人才。实验班需要根据对应专业秉承“依托行业，服务区域，突出应用，注重能力”的建设理念，紧密结合专业，凸显特色，营造专业文化氛围。校内专业教师、企业、国内及海外兼职教师通过专业建设、培养方案设计、理论及实践课程教学过程及其他育人环节，全方位、多渠道培养学生良好的思想道德品质及热爱祖国、遵纪守法、爱岗敬业、团结协作的精神；使学生具备诚实守信、坚持原则、正直廉洁等良好的社会公德和工程职业道德；具有追求卓越的态度和较强的社会责任感；具有一定的文化艺术修养、较高品位的人文素质和较强的人际交往能力，最终形成“阳光、自信、包容、进取”的高质量大学生形象。

5.3 实验班培优计划评价研究及实施

5.3.1 概述

强化教学质量监控体系是提高教学质量的根本保

证。在专业建设过程中，依据学校教学工作规范、课堂教学规范、实践教学规范以及教学质量监控等制度，出台了系列教学管理制度文件，抓好教师课堂（包括实践）教学授课质量。经过多年努力，教师的课堂教学水平得到同行专家和广大学生的一致称赞和好评，青年教师授课能力和水平提高明显。

（1）成立监督评议组，加强业务考核。建立教学督导组、教学评议组，制定教学期中检查制度、指导老师听课制度、学生评教条例、教学事故认定条例等一系列措施，将教师的教学情况作为年度业务考核，作为评选教学优秀奖的重要依据，并和职称晋升紧密挂钩。

（2）建设评教、反馈和监控制度。建立学生网上评教，同行专家和领导听课评价制度；建立了教学情况反馈信息网络；建立了教学专项检查和毕业设计全过程质量控制制度；建设完善教学档案资料的制度。

（3）完善人才培养方案制定制度。联合行业、高校和专业的专家学者组成专业指导委员会，每年讨论人才培养方案、课程体系和课程内容，保证人才培养和用人需求的符合度。与用人单位以及毕业生随时随地保持着密切的联系，定期组织相关人员开展了毕业生调查和联络工作，积累了大量素材和信息，并根据反馈信息，每年修订人才培养方案、优化教学内容，增加了大量符合现代企业科技水平和实用性较强的专业选修课。还通过校友返校座谈等形式了解反馈信息，以改进教学工作。

（4）实验室开放管理制度。在实验室管理方面，专业对部分实验室实行开放式管理，为学生撰写毕业论文、课程设计、部分实验以及学生科研创新活动提供条件。

除了以上这些常规管理制度外，实验班培优计划还需要创新性的评价研究与实践，以下将我们在实验班的教改案例分享如下。

5.3.2 案例1：基于学生差异性的实验实践教改绩效评价研究

长期以来，高校实验室教学改革一直没有停止过步伐。教改研究从实验管理、从专职人员队伍建设、从基础设施建设、从教学模式（如进行开放实验、引入导师制等）、从实验设置等（如增加综合、设计实验等）各方面都进行了探索，提出了各自的理论观点。但唯独很少考虑实验室绩效的评估改革。传统教育质量的评价，包括实验室绩效的评价，均是整齐划一的，而现代随着社会进步，教育越来越注重人的主体性，注重人的个体差异。

社会需要各样人才，反对整齐划一；地方应用型本科院校正是培养满足社会需要的人才，更加反对整齐划一；后现代主义反对普遍性和同一性，强调差异性和提倡多元性，主张从个体的差异性出发建立一个开放的、多元的教育，塑造具有丰富内容的自由个性的主体，使教育成为能动的解放式的教育；建构主义教学理论注意调动学生的学习主动性，强调学生的学习是主动的、积极的、富有个性和创造力的。由此，高校实验室绩效评估标准的建立完全可以借鉴这两个教育理论，其绩效评估的标准也应是多样性的，反对整齐划一的标准。后现代教育理论从开放和多元的研究视角出发，关注教育的情景性、多变性和差异性；建构主义认为，知识不是通过教师传授得到，而是学习者在一定的情境即社会文化背景下，借助其他人（包括教师和学习伙伴）的帮助，利用必要的学习资料，通过意义建构的方式而获得。所以，建构主义学习理论认为“情境”“协作”“会话”和“意义建构”是学习环境中的四大要素或四大属性。因此，基于后现代主义和建构主义教育理论的实验室绩效评价可以探索实施地方高校培优实验班的个性化培养。

高校实验教学是培养应用型本科人才的重要一环，它的实践性很强。如何最大化地提高实验室教学质量，评估实验室绩效，发挥实验室应有的作用使学生确实从这一实践教学过程中掌握应用技能，是每个应用型普通高校面临和需要考虑的问题。为解决这一问题，地方高校实验班培优计划首先要开阔视野，借鉴后现代主义教育理论，并依据现代构建主义教育理论，运用世界现代 ISO9000 族质量管理标准的质量管理理论和思想，进行以学生为本、注重个体差异、培养卓越工程师的实验室绩效评价方法和体系标准的探索。

本案例注重以人为本，尊重学生个性，关注学生个体差异，坚持事实与价值并重的评价原则；研究有助于确立实验室教学突出创造性的教育理念，有利于实验室教学确立体现对人的主体性和创造性的重视，有益于培养出具有批判能力、认可多元文化的、符合社会需要的卓越工程师和社会公民。该研究成果，力图真正反映出实验教学的质量效果，为进一步开展实验室实践教学改革活动，提高教改质量提供帮助，研究成果在实验班的优先实施为高校学生实验实践差异化培养提供了改革示范。

后现代教育理论从开放和多元的研究视角出发，关注教育的情景性、多变性和差异性；因此，基于后现代主义和建构主义教育理论的实验室绩效评价探索，不仅仅能提高实验室教学质量水平，实现教育目的，促进学生的技能掌握。同时，也符合后现代教育理论和现代建构教育理论，是我们优先在地方高校实验班开展实验教学方面的积极探索和大胆的实践。

该案例实施的技术路线如图 5-3 所示。根据现有统一的实验室教学绩效考核标准和探索的新的实验室教学方法和考核标准，选取试验组和对照组。对同一个教学实验室的教学过程和课程，进行平行组比对，不断完善和探索出新的考核标准。

通过该教学改革，我们有以下两点体会：

（1）突出本科生能力的培养。学生参与到教学管理中，能够实行自我控制和自我指挥。学生在一般情况下能够学会接受责任，并能主动承担责任，并在教学管理中可以发挥相当高的独创性和创造性，还能积累实践经验，增强自信心，激励学习，不仅有助于

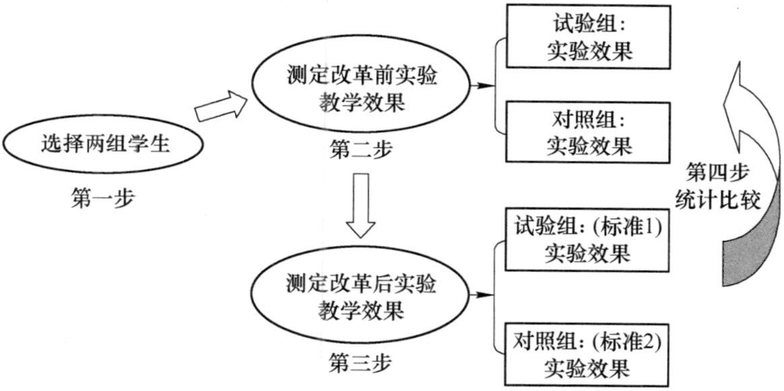

图 5-3　实验班学生差异性实验实践教学改革技术路线

自身学习成绩的提高，还能在组织能力、管理能力等方面得到很好的锻炼和发挥。对学生来说，要认识到参与教学管理既是权利，也是义务，要增强参与教学管理的信心，增强大局观念和主人翁意识。广泛发动学生参与日常教学管理工作，培养学生参与教学管理的能力，从而提高学生的综合素质。

（2）突出“以生为本”。在教学管理中，高度重视管理者和被管理者的目标一致性。突出“以生为本”的理念，使教学管理更加人性化。没有政策和制度作为保障，再好的观念也难以转化为具体的措施。学生参与教学管理要有学校的政策予以保证。通过研究，为教学管理部门建议制定相关政策和制度，以确保学生的咨询权、参与决策权、知情权、监督权等。理念是行动的先导，没有正确的理念，学生参与日常教学管理的政策就难以出台，制度就难以健全，措施就难以真正落实和持久进行。学生参与日常教学管理是培养学生自主意识和自主能力的重要手段，也是实践能力和创新精神养成的重要环节。通过研究，增强教学管理人员的服务意识，树立“以生为本”的理念，在管理中倾注爱心，切实做好管理育人工作，树立教学相长的教学思想。

5.3.3 案例 2：基于 Kano 理论的学生精准化培养的研究与实践

高校是一个提供教育服务的组织，学生不是整齐划一的产品，而是一个个鲜活的、个性各异的特殊“产品”，也是我们高校服务的顾客；企业更是高校在社会中的服务顾客。而服务学生、服务企业本身就是一所大学的社会价值之所在。因此，面对我们服务的顾客，在学生培养过程中，存在学生对高校教育、企业对高校教育的双双不满意的问题，是迫切需要我们进行大学生高级人才培养改革探索与实践来解决的课题。因为，双不满意的表象，直接说明了我们创新型高级人才的培养还存在许多需要改进提高的地方。

高校实验班不仅需要培优计划的具体落实，同样需要开展培养满意度的调研与评级研究。要解决实验班学生培养过程中学生—高校—实习用人单位中存在的学生对高校教育、企业对高校教育的双满意的问题，开展培优培养模式的改革探索与实践，这涉及客户满意度问题，因此，我们拟借鉴客户满意度模型——Kano 模型来解决。

Kano 模型是东京理工大学教授 Noriaki Kano 和他的同事于 1984 年建立，并在 2014 年进一步更新，是满意度二维模型中应用广泛的一个模型理论。Kano 模型理论目的是通过对顾客的不同需求进行区分处理，帮助组织找出提高顾客满意度的切入点。它对需求因素指标进行分类，帮助组织了解不同层次的顾客需求，找出顾客和组织的接触点，识别使顾客满意的至关重要的因素。

当代企业个性化、多样化的人才需求，是和行业特点及工作岗位相关的。学生不可能个个是全才，而企业也不是非要全才，而是奉行能够胜任就是人才的标准。Kano 模型从服务提供者的提供程度（顾客需求满足率）和顾客需求满足者的满意程度（满意度）

这两个维度出发，可以将服务培养的专业学位研究生的需求，进行细致有效的区分和排序，帮助提供教育服务的高校根据不同学生的不同需求，进行“精准培养”。同时，可以将输送学生服务的企业需求，进行细致有效的区分和排序，帮助高校根据不同企业的需求，针对不同学生能力的不足，进行“精准培养”。

也就是说，用 Kano 模型来确定需求优先级。通过利用 Kano 模型的理论研究成果，找出针对实验班学生培养教育过程中，每个学生不满意的主要因素和每个企业不满意的主要因素，采用“精准治疗”的理念，采取措施改进教学，达到学生对自己专业教育的满意；达到企业使用学生满意，进而企业对学生培优教育的满意，即实现学生、企业双满意的“精准培养”。该模型为高校实验班培优计划的评价既能提供宏观战略的精确指导，又能提供战术教学内容的指导，其教育应用价值是不言而喻的。

本案例研究拟以我校培优实验班为对象，进行“基于 Kano 理论的学生精准化培养的研究与实践”改革创新，如图 5-4 所示。在掌握专业方向就业行业的企业主要需求的基础上，以 Kano 理论为指导，分析出影响各个学生与每个企业的满意的主要因素，运用前期多年的教育质量管理和工程培养 PDCA/CDIO 模式的教改成果和经验，针对性地研究以下内容，制定对策措施，实施专业学位研究生创新能力的“精准培养”。

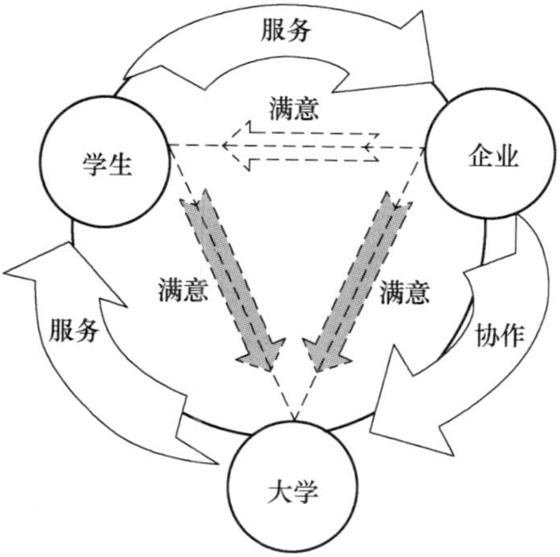

图 5-4 基于 Kano 理论的学生精准化培养的示意图

主要研究内容包括：探索实验班学生自我满意的因素与就职企业满意因素的不同点和重合点的规律；研究探索强调激发学生自身满意结合未来就业企业满意为目标的主动学习的教育方式；研究探索怎样在过程中环境中，研究生面对的不是已知的情景，而是未知的情景，不是去解答教师设定的“问题”，而是自己去发现问题、解决问题的培养方案的设计；研究探索不是单纯的验证知识或再现知识，而是强调通过创造性地解决实际问题，来培养研究生的自学能力和创新能力的工程教育的教学内容和方法。同时研究 Kano 模型理论怎样更好地应用在实验班的培优培养过程中；怎样将 Kano 模型理论与质量管理 PDCA 循环相结合地运用，来逐步提高学生能力，达到工程教育培养合格的高级工程师及创新型人才的要求。

主要实践内容：

（1）以打破现行固化的校企联合培养模式，采用 PDCA 多循环、阶梯式实践改革和实践。

（2）以学生适应企业工作的实践教育为目的的高校实践教学的创新能力培养方式的改革实践。

（3）以专业学位研究生教育较强的行业、职业背景属性，进行专业学术性与职业性紧密结合的改革实践。

主要研究思路：

（1）在企业需求对高校教育的要求方面，加大校企合作力度，增加相关产业企业在培养模式中的参与力度。使产业界对实验班学生教育的参与不是局部性的，而是全方位的参与。校企合作不仅体现在实习环节，而且要体现在课程、实践和教学的所有环节。包括培养目标、课程设置、教材编撰、师资建设、实践训练、校企合作项目、专业评估等众多影响教育质量的因素。

（2）在研究生对高校教育的要求方面，依据适合于实验班的国际化工程教育专业认证——《华盛顿协议》规定的现代工程教育专业认证标准，结合国际工程教育改革 CDIO 工程教育模式的最新成果，用工程基础知识推理能力、个人职业技能和职业道德能力、团队协作能力和人际交往能力几个影响教育质量的因素来衡量。

面对纷繁复杂的企业和大学生对高校教育要求的因素，怎样精准地瞄准不同企业需求、精准地瞄准不同学生的需求？利用 Kano 模型将解决这一难题。我们利用图 5-5 精简的 Kano 模型，通过二维分析，分别针对企业和学生只需找出三类需求，分别加以对待即可：

（1）对于必须完成的“基本要素”，在学生实习前需要教育完成，但不必过多。

（2）线性需求的“期望要素”尽可能多地完成

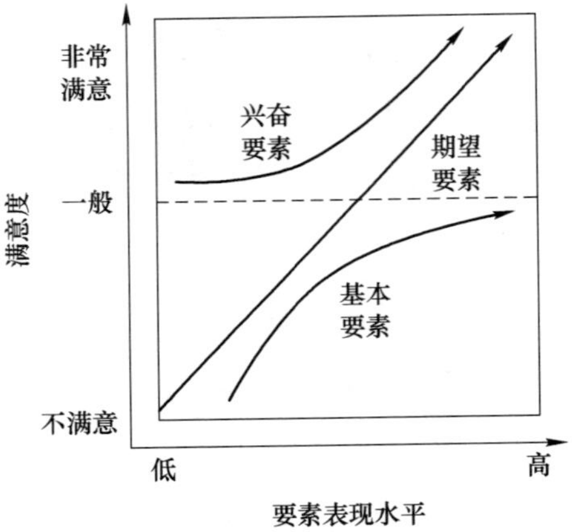

图 5-5　Kano 模型应用示意图

教育。

(3) 在培养的全过程，确定少量的决定因素——“兴奋要素”，优先重点教育，把它们包含进教学及实践的计划中。“兴奋要素”类是关键影响因素，它的敏感度高，也就是说其对应的教育服务质量好坏的轻微变动，会直接快速地影响学生满意度和企业满意度的变化。

因此，利用 Kano 模型确定影响学生和企业满意度的关键性影响因素，改进其对应教育服务的质量，可以有效地提升教育服务的整体质量，提高学生和企业对实验班培优教育的满意度。不至于费力地去培养很难达到的全才，而且还能因材施教，发挥各个学生的不同特长。

主要技术路线：具有针对性地实施“精准培养”计划的大学教育，将专业知识教育与学生职业素质教育、学生沟通能力等的培养，针对不同学生有机而系统地结合起来，以满足不同特点的学生、不同需求特点的企业的能力要求。教育效果再在企业实践中检验，最后反馈评估学生与企业的需求满意度。研究实施过程将 PDCA 循环与知识的认识和提升有机地结合起来，如图 5-6 所示。

通过精心规划的“精准培养”计划，引导学生对核心专业课程的学习和知识实践应用方法产生浓厚的学习兴趣，从而达到能力培养、综合发展的目的。本案例实施主要进行以下考察：

（1）是否能够总结出各个企业满意的共性的关键因素，找到校企之间合适的合作培养的标准及规律问题，引导学生运用企业生产方式进行知识运用，培养学生适应实际工作的经验与能力。

（2）是否通过改变校企联合培养的方式，通过贯穿专业学习的全过程的工程项目设计，让学生在学

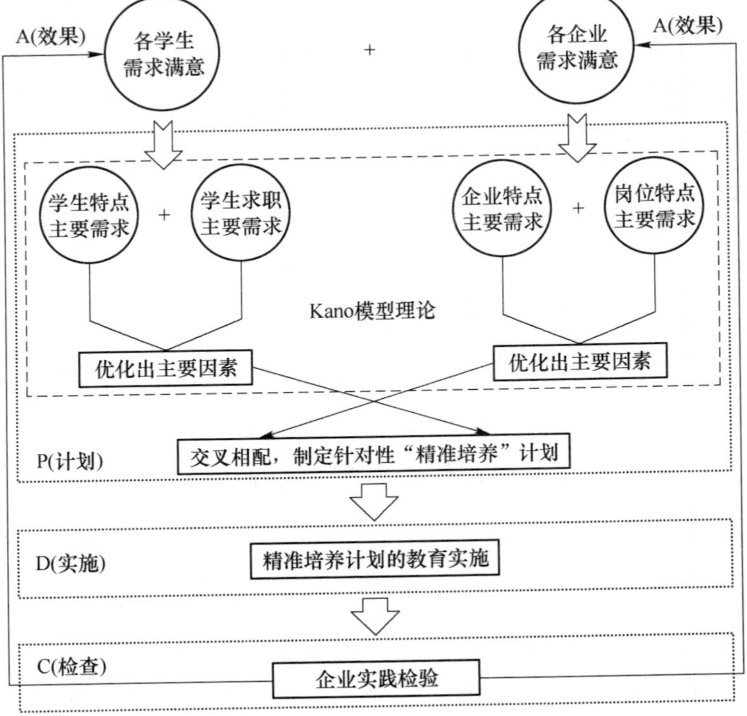

图 5-6　技术路线图

习专业知识的同时直接体验实践过程，在知识的学习和应用之间形成良性互动。

（3）是否能够根据实验班专业特性，通过导论性的基础课程，从起始阶段就将工程实践引导入门，让学生尽早领略工程技术之美；是否在教学计划和教学实践中围绕材料工程问题，将相关课程有机联系起来，减少“基本要素”的课程，增加“期望要素”课程，特别是涉及“兴奋要素”的课程。

（4）考察通过同时运用 PDCA 循环，是否使学生达到知识和能力的提高，对学生的职业道德、领导才能、团队精神、专业素质和创新能力培养绩效如何。

5.3.4　案例 3：地方高校实验班培优成果

下面以重庆科技学院实验班为例，展现一个普通地方高校实验班的培优成果，增强培优信心。

2014 年，重庆科技学院钱煦实验班（BIC）开始在全校范围内选拔招生，实行小班教育，通过制定国际化创新创业人才培养方案，采用“学历+国际课程体系”相结合的办学理念和培养模式，开展双语和全英文教学；在学生的学习、科研和创新创业上实施讨论式、项目制和课题组的育人方式，培养创新思维能力和独立科研能力；与美国加州大学、韩国国立昌原大学、香港大学等签订合作教育协议，让学生充分享受优质的国际化教育资源。

钱煦实验班以培养具有创新思维和实践能力的复

合型国际化高级工程人才为目标，经过四年的建设和发展，人才培养已凸显品牌效应，具体如下：

（1）学业成绩。通过实施小班式、讨论式、角色扮演、项目制等教学模式，学生成绩整体优异，72%学生学业绩点在3.0以上，最高绩点为4.24，远高于普通班水平。

（2）外语水平。采用外教口语训练及双语/全英文教学授课模式，遴选全校优秀英语教师教学，安排外教讲授口语课程，设立专用阅览室。2014级、2015级、2016级BIC班学生英语四六级通过率均超过75%，2017级BIC学生第一学期英语四级通过率高达42%，位居全校第一。

（3）出国交流。选派17名同学赴美国、英国、韩国、中国台湾等知名院校访学、交流，有1名同学获得美国企业带薪实习机会，出国交流人数位居全校前列。

（4）创新创业。实行项目制，将每位同学纳入项目或课题中，定期举办项目交流会，邀请国内外知名专家学者和企业专家讲学。学生承担国家级创新创业项目3项，市级1项，校级14项，“BIC班特色科技创新项目”21项，科技创新训练实现全覆盖；发表高水平 SCI/EI 论文 4 篇，授权专利 4 项，获院级创新创业团队 5 个；在“挑战杯”“创青春”“互联网+”“中国高校智能机器人创意大赛”等比赛中获省部级以上奖励 7 项，其中国家一等奖 1 项。

（5）班级文化。举行系列“‘十二五’成长计划”（10 种人生品质、两个研究方向、5 个培养目标）素质拓展活动、主题文化教育活动、“Fighting BIC”和“Running BIC”户外素质拓展训练、英文主题班会、英文辩论赛、留学生交流会等特色活动，有效提升学生综合素质。同时，为了提高学生专业知识水平及创新能力，举办科普沙龙、科技比赛、专业沙龙、新年学术交流会、赛课计划、第一届国际化学术交流及创新创业活动月等活动。

（6）获奖荣誉。学生荣获国家级奖项 8 人次、省部级 15 人次、校级 142 人次、院级 107 人次；班级团体获得“重庆市先进班集体”以及学校优良学风“十佳”示范班级（全校 2014 级班级排名第一）、“先进团支部”和“先进班集体标兵”等荣誉称号累计 20 余次。2014 级 BIC 团支部荣获全国高校“活力团支部”，为学校首次、唯一入选班级。

（7）就业深造。2014 级 BIC 全班 23 人，已有 6

位学生通过 TOEFL、IELTS、GRE 等国际留学生入学考试，并成功被美国卡耐基梅隆大学、美国南加州大学、香港城市大学、英国曼彻斯特大学等世界知名院校录取；4 名学生获得天津大学、西南大学、重庆医科大学等国内重点高校深造机会。其余学生已签约 LG Display、万科、重庆艾维迪、新赛亚以及艾科达生物科技有限公司等知名企业就业。

这些培优成绩在普通地方高校来说已是难能可贵，与一流大学、一流学科学生培养质量看齐！